职业教育会计专业课程改革创新教材

会计基础分阶实训

主　编　张玉香　田　雪

参　编　李振丽　孙　圆　马　琳　刘　琳

机 械 工 业 出 版 社

本书以教育部发布的《中等职业学校会计专业教学标准（试行）》和山东省教育厅发布的《山东省中等职业学校会计专业教学指导方案（试行）》中的"会计基础课程标准"及"小企业会计实务课程标准"为依据，根据最新修订的财税法规编写而成。

本书突出应用性和实践性，共包括三个模块，可以由浅入深地满足学生不同阶段的会计基础实训需求：模块一，会计循环基本认知与实训，主要引导学生了解会计凭证的种类，掌握原始凭证、记账凭证的填制和审核方法，明确日记账、明细分类账、总分类账的登记方法；模块二，企业主要经济业务的核算模拟实训，包括企业日常经济业务的核算和编制财务报表两个项目；模块三，小企业业财税一体化模拟实训，模拟了一家小企业在一个季度（三个月）日常经营活动中最基本的业务，完成三个月的业财税一体化处理。

本书可以作为中等职业教育会计类专业教材，也可以作为各层次会计教育和企业培训教材及在职会计人员的业务指导书。

图书在版编目（CIP）数据

会计基础分阶实训/张玉香，田雪主编．—北京：机械工业出版社，2021.12
职业教育会计专业课程改革创新教材
ISBN 978-7-111-69720-6

Ⅰ．①会…　Ⅱ．①张…　②田…　Ⅲ．①会计学—中等专业学校—教材　Ⅳ．①F230

中国版本图书馆CIP数据核字（2021）第245111号

机械工业出版社（北京市百万庄大街22号　邮政编码100037）

策划编辑：李　兴　　　责任编辑：李　兴　徐子茵
责任校对：张亚楠　　　封面设计：马精明
责任印制：李　昂

北京圣夫亚美印刷有限公司印刷

2022年1月第1版第1次印刷
184mm×260mm · 14.5 印张 · 245 千字
标准书号：ISBN 978-7-111-69720-6
定价：45.00 元

电话服务　　　　　　　　　　网络服务
客服电话：010-88361066　　机 工 官 网：www.cmpbook.com
　　　　　010-88379833　　机 工 官 博：weibo.com/cmp1952
　　　　　010-68326294　　金 书 网：www.golden-book.com
封底无防伪标均为盗版　　机工教育服务网：www.cmpedu.com

前　言

本书以教育部发布的《中等职业学校会计专业教学标准（试行）》和山东省教育厅发布的《山东省中等职业学校会计专业教学指导方案（试行）》中的"会计基础课程标准"及"小企业会计实务课程标准"为依据，根据最新修订的财税法规编写而成。

本书的特点如下：

1. 注重培育会计职业素养，落实课程思政建设

本书以习近平新时代中国特色社会主义思想为指导，全面落实立德树人根本任务，贯彻工匠精神及会计职业道德的要求，每个项目都以一个"情智故事"引领，并分享思想感悟，将有效地培育学生的职业素养、职业道德，把培育和践行社会主义核心价值观理念贯穿教育教学全过程，积极推进课程思政建设。

2. 突出应用性和实践性，实施项目下的任务驱动教学

本书作者深入企业实践调研，收集中小微企业大量的原始凭证，提取企业典型的经济业务，进行二次加工、筛选整理，形成循序渐进、体现实际会计工作要求、操作性较强的实践性教材，并进行项目下的任务驱动教学设计。

3. 展现"互联网+"的职业教育理念，配套丰富的教学资源

本书的教学资源包括相关知识链接、重点难点微课、授课课件、教案及各项目任务的训练答案等，可以满足学生自主学习的需要。

本书包括三个模块，由浅入深，满足学生不同阶段的会计基础实训需求：模块一，会计循环基本认知与实训，引导学生了解会计凭证的种类，掌握原始凭证、记账凭证的填制和审核方法，明确日记账、明细分类账、总分类账的登记方法；模块二，企业主要经济业务的核算模拟实训，包括企业日常经济业务的核算（采用仿真的业务背景，涵盖一家制造业企业完整的业务链条即供应过程、生产过程、销售过程的账务处理实训）和编制财务报表两个项目；模块三，小企业业财税一体化模拟实训，模拟一家小企业一个季度（三个月）日常经营活动最基本的业务，完成三个月的业财税一体化处理。

本书可实现对会计基础课程的分阶实训教学，建议总学时为80学时。

本书由张玉香、田雪担任主编，李振丽、孙圆、马琳、刘琳参编。所有编者共同完成了参考答案的编写工作。全书由张玉香统稿。本书属于济南信息工程学校2017年山东省职业教育教学改革研究项目"'互联网＋'背景下中等职业学校会计电算化专业人才培养模式改革研究与实践"（项目编号2017082）的研究成果。

编者通过北京伴学科技有限公司的会计票据工厂系统，对大量的会计票据进行了二次加工；书中的数字化资源建设也得到北京伴学科技有限公司的大力支持。本书亦得到济南鸿发代理记账有限公司、山东润铭会计师事务所、山东神州顺利办企业管理有限公司等多家企业的大力帮助，在此表示衷心的感谢。

由于水平有限，在编写过程中难免存在疏漏，对于本书中的欠妥之处，敬请读者提出宝贵意见（E-mail：risingzhang@sina.com）。

编　者

二维码索引

（续）

序号	名称	图形	页码	序号	名称	图形	页码
微课2-7	产品销售业务的核算		124	微课2-12	财产清查业务的核算（三）		135
微课2-8	结转产品销售成本		124	微课2-13	利润的形成		140
微课2-9	增值税及附加税费的核算		127	微课2-14	利润的分配		142
微课2-10	财产清查业务的核算（一）		130	微课2-15	资产负债表反映债权债务项目的填列		149
微课2-11	财产清查业务的核算（二）		132	微课2-16	利润表的编制		153

目　　录

模块一

会计循环基本认知与实训

模块简介

　　会计循环是指在经济业务事项发生时，从填制和审核会计凭证开始，到登记账簿，再到编制财务报表的过程，即完成一个会计期间会计核算工作的过程。

　　会计凭证是记录经济业务、明确经济责任并作为记账依据的书面证明。填制会计凭证是登记会计账簿的前提和依据，是会计核算工作的初始阶段和基本环节。会计凭证按填制用途和程序不同，分为原始凭证和记账凭证。

　　本模块主要引导学生了解会计凭证的种类，掌握原始凭证、记账凭证的填制和审核方法，明确日记账、明细分类账及总分类账的登记方法。

微课1-1　认识会计循环

项目一　原始凭证的填制

项目描述

　　原始凭证又称单据，是指在经济业务发生或完成时取得或填制的，用以记录或证明经济业务的发生或完成情况的凭据。它不仅能用来记录经济业务的发生或完成情况，还可以明确经济责任，是进行会计核算工作的原始资料和重要依据，是会计资料中最具有法律效力的一种文件。本项目介绍几种常用的自制原始凭证，包括一次性原始凭证（如现金支票、借款单、差旅费报销单、现金交款单、转账支票、收料单、发料单、入库单、出库单、增值税专用发票）、累计原始凭证（如限额领料单）、汇总原始凭证（如发料凭证汇总表）的填制方法，有助于学生初步掌握识别和填制原始凭证的基本技能。

学习目标

1. 知识目标

1）认知原始凭证的概念和种类。

2）明确原始凭证的内容。

3）明确填制原始凭证的要求。

2. 能力目标

1）掌握会计数字的书写方法。

2）掌握常用原始凭证的填制方法。

3. 情感目标

培养良好的心态和认真学习的精神，确立精益求精的工作态度，正确认识自己，及时反省自己，提升自己的能力，为实现成功的人生目标而坚持不懈地努力。

情智故事

苏轼：合理节约费用和管理税收 | 用"会计"思想服务社会

"唐宋八大家"之一，宋代文学家、书画家苏轼文学造诣很深，诗、词、散文、书画无一不精，脍炙人口之作甚多。少有人知的是，苏轼在"会计"方面也自有一番研究。苏轼认为"为国有三计，有万世之计，有一时之计，有不终月之计。"凡"计"均应以费用为中心，"费有计，则国安。"推崇"节天下无益之费，使国有储备"。苏轼反对浪费，倡导节俭，主张"广取以给用，不如节用以廉取之为易"。通过理论分析阐述了节约费用开支对社会的好处和意义。

此外，在商税征收上，苏轼主张对大小商人一视同仁，减免零售商的赋税，认为减免赋税可刺激零售商业的发展，政府的商税收入将更多。他说："今小商人不出税钱，则所在争来分买；大商既不积滞，则轮流贩卖，收税必多。"这种将通商与税收通盘考虑的思想是很有价值的。在苏轼的为官生涯中，他致力于以会计的思维和理财的方法为当地的百姓增加财富，提高人民的生活水平。

　　思想感悟　苏轼的"会计"思想带给我们一定的启示。会计不仅是一份核算、反映和报告财务信息的工作，还是一份具有管理职能的工作。学好会计、做好会计工作，可以提高财务管理效率和资金使用效率，帮助企业制定适宜的发展政策，创造经济价值，进而帮助社会积累财富，有利于国计民生。

知识准备

一、原始凭证及其分类

　　原始凭证是指在经济业务发生时取得或填制的，用以记录和证明经济业务发生或完成情况的凭据。

　　原始凭证按来源不同，可分为自制原始凭证和外来原始凭证。

（一）自制原始凭证

　　自制原始凭证是由本单位经办业务的部门和人员在执行或完成经济业务时填制的原始凭证。自制原始凭证按填制手续及内容的不同，又可分为一次凭证、累计凭证、汇总凭证和记账编制凭证四类。

1. 一次凭证

　　一次凭证是指只反映一项经济业务或同时记录若干项同类性质经济业务的原始凭证，其填制手续是一次完成的。各种外来原始凭证一般都是一次凭证，企业有关部门领用材料的"领料单""职工借款单"等也是一次凭证。

2. 累计凭证

　　累计凭证是指反映一定时期（一般为一个月）内连续发生的同类经济业务的自制原始凭证。累计凭证的填制手续是随着经济业务事项的发生而分次进行的，如"限额领料单"就是累计凭证。

3. 汇总凭证

　　汇总凭证是指根据一定时期内反映相同经济业务的多张原始凭证，汇总编制而成的自制原始凭证，以集中反映某项经济业务总体的发生情况。汇总凭证既可以简化会计核算工作，又便于进行经济业务的分析比较，如"工资汇总表""现金收入汇总表""发料凭证汇总表"都是汇总凭证。

4. 记账编制凭证

记账编制凭证是指根据账簿记录，把某一项经济业务加以归类、整理而编制的一种会计凭证。例如，在计算产品成本时编制的"制造费用分配表"就是根据制造费用明细账记录的数字按费用的用途填制的记账编制凭证。

（二）外来原始凭证

外来原始凭证是指企业在同外单位发生经济业务往来事项时，从外单位取得的凭证，如发票、飞机行程单、火车票、银行收付款通知单以及企业购买商品、材料时，从供货单位取得的发货单等。

二、原始凭证的内容

1. 原始凭证的名称及编号

原始凭证必须有明确的名称，以便于凭证的管理和业务处理。要求编号的原始凭证，应根据经济业务发生的先后顺序编号。

2. 填制原始凭证的日期

原始凭证填制的日期就是经济业务发生的日期，便于对经济业务的审查。

3. 接收原始凭证的单位或个人

为了证明经济业务是否确实是本单位发生的，以便于记账和查账，原始凭证应注明接收单位或个人。值得注意的是，单位的名称必须是全称，不得省略。

4. 经济业务内容

原始凭证上应完整地填写经济业务的内容，便于了解经济业务的具体情况，检查其真实性、合理性和合法性。

5. 经济业务的数量、单价和金额

原始凭证上应记载经济业务的数量、单价和金额，这是经济业务发生的量化证明，是保证会计资料真实性的基础。特别是大、小写金额必须按规定完整填写，防止出现舞弊行为。

6. 填制原始凭证的单位名称或者填制人姓名

填制原始凭证的单位或个人是经济业务发生的证明人，注明填制单位或个人有利于企业了解经济业务的来龙去脉。

7. 经办人员或责任人的签名或者盖章

原始凭证上的签名、盖章人，是经济业务的直接经办人，签名、盖章可以明确经济责任。

三、原始凭证的填制要求

1. 记录要真实

原始凭证所填列的经济业务内容和数字，必须真实可靠，即符合国家有关政策、法规、制度的要求；原始凭证上填列的内容、数字，必须真实可靠，符合有关经济业务的实际情况，不得弄虚作假，更不得伪造凭证。

2. 内容要完整

原始凭证所要求填列的项目必须逐项填列齐全，不得遗漏和省略；必须符合手续完备的要求，经办业务的有关部门和人员要认真审核，签名并盖章。

3. 手续要完备

单位自制的原始凭证必须有经办单位领导人或者其他指定人员的签名盖章；对外开出的原始凭证必须加盖本单位公章或发票专用章等；从外部取得的原始凭证，必须盖有填制单位的公章或发票专用章等；从个人取得的原始凭证，必须有填制人员的签名盖章。

4. 书写要清楚、规范

原始凭证要按规定填写，文字要简要，字迹要清楚且易于辨认，不得使用未经国务院公布的简化汉字。大小写金额必须相符且填写规范，小写金额用阿拉伯数字逐个书写，不得写连笔字，在金额前要填写人民币符号"￥"，人民币符号"￥"与阿拉伯数字之间不得留有空白，金额数字一律填写到分，角、分位数字为零的，写"00"或符号"—"，角位数字不为零、分位数字为零的，分位写"0"，不得用符号"—"；大写金额用汉字壹、贰、叁、肆、伍、陆、柒、捌、玖、拾、佰、仟、万、亿、元、角、分、零、整等，一律用正楷或行书字体书写，大写金额前未印有"人民币"字样的，应加写"人民币"三个字，"人民币"字样和大写金额之间不得留有空白，大写金额到元或角为止的，后面要写"整"或"正"字，有分的，不写"整"或"正"字。例如，小写金额为￥1 008.00，大写金额应写成"壹仟零捌元整"。

5. 编号要连续

如果原始凭证已预先印定编号，在写错作废时，应加盖"作废"戳记，妥善保管，不得撕毁。

6. 不得涂改、刮擦、挖补

原始凭证有错误的，应当由出具单位重开或更正，更正处应当加盖出具单位公章。金额有错误的原始凭证，应当由出具单位重开，不得在其金额上更正。

7. 填制要及时

各种原始凭证一定要及时填写，并按规定的程序及时送交会计机构的会计人员进行审核。

8. 统一格式

发票类原始凭证是由税务机关监制，统一指定企业印制的。

微课1-2　原始凭证的定义、分类和内容

项目实训

■　业务背景

企业基本资料：济南飞宇电子有限公司为增值税一般纳税人，企业税务登记号为91370101226440869I，地址为济南市高新科技园区66号，联系电话为0531-86×××58，开户银行为中国工商银行舜华路支行，账号为1602135690704816531，银行预留印鉴为企业财务专用章及法定代表人的个人名章，企业法定代表人为齐祥，会计为高婷，会计主管为赵芳，出纳为李静。

任务一　一次凭证的填制

实训1-1　现金支票的填制

实训内容　2021年6月1日，济南飞宇电子有限公司开出现金支票从银行提取2 000元现金备用。

实训资料　现金支票一张（见图1-1）。

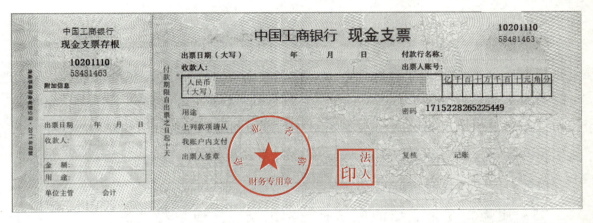

图1-1 现金支票

实训要求 根据实训内容，正确、规范地填制现金支票。

实训指导

（1）支票日期的填写方法 出票日期必须用大写，涉及的大写数字分别是：零、壹、贰、叁、肆、伍、陆、柒、捌、玖、拾。月份为1—10月的要在其前加零，11—12月的在其前加壹，如12月应写成"壹拾贰月"；日期为1—10日的在其前加零，如9日应写成"零玖日"，日期为10的倍数（10日，20日，30日）的要在其前加零，如10日应写成"零壹拾日"。

（2）支票金额写法 小写金额之前加人民币符号"¥"，大写金额涉及的金额单位为万、仟、佰、拾、元、角、分、整（正）。数字到元为止，要在元后加"正"或者"整"，如¥4 545.00写成"肆仟伍佰肆拾伍元整"；数字到角为止，要在角后加正或者整，如¥7 881.10写成"柒仟捌佰捌拾壹元壹角整"；数字到分为止的，后面无须加任何字，如¥7 881.11写成"柒仟捌佰捌拾壹元壹角壹分"。

（3）付款行名称、出票人账号 填写本单位开户银行名称及银行账号（账号是小写的阿拉伯数字）。

（4）收款人　收款人为单位的现金支票收款人可以写为本单位名称，这时现金支票背面"被背书人"栏内加盖本单位的财务专用章和法人名章，之后收款人可凭现金支票直接到开户的银行领取现金（银行各营业点联网的，可到联网营业点直接取款，具体要视联网覆盖范围而定）。收款人为单位的现金支票收款人可写为收款人个人姓名，此时现金支票背面不盖任何章，收款人在现金支票背面填上身份证号码等，凭身份证和现金支票签字领款。

（5）用途　现金支票的用途有一定限制，一般填写"备用金""差旅费""工资""劳务费"等。

（6）人民币小写　最高位金额的前一位空白格填人民币符号"¥"，数字填写要求完整清楚。

（7）支票背面的填写　对于现金支票收款人是本单位的，在支票的背面"收款人签章"处还应加盖财务专用章（有部分银行要求盖全套印鉴或者法人章，还要写上经办人的姓名与身份证号，并检查经办人身份证原件）。

（8）盖章　支票正面盖财务专用章和法人章，缺一不可，印泥为红色，印章必须清晰可见，若印章模糊，只能将本张支票作废，换一张重新填写并盖章。支票背面盖章与否视情况而定（详见"（4）收款人"）。

实训1-2　转账支票的填制

实训内容　2021年6月6日，济南飞宇电子有限公司开出50 000元转账支票，向济南红星电子有限公司预付原材料款。

实训资料　转账支票一张（见图1-2）。

实训要求　根据实训内容，正确、规范地填制转账支票。

实训指导

（1）转账支票收款人应填写为对方单位名称。

（2）付款行名称、出票人账号即为本单位开户银行名称及银行账号。

（3）转账支票背面本单位不盖章。收款单位取得转账支票后，在支票背面被背书栏内加盖收款单位财务专用章和法人名章，填写好银行进账单后连同该支票交给收款单位的开户银行，委托银行收款。

（4）转账支票用途填写没有具体规定，可填写"货款""代理费"等。

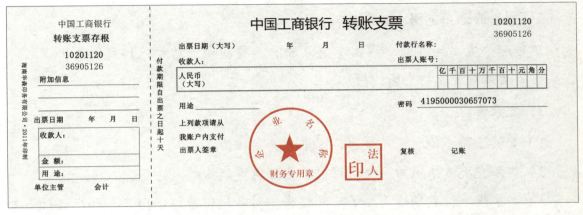

图1-2　转账支票

■ 知识链接

1. 支票的概念和种类

（1）概念　支票是指出票人签发的，委托办理支票存款业务的银行或者其他金融机构在见票时无条件支付确定的金额给收款人或者持票人的票据。支票的基本当事人包括出票人、付款人和收款人。出票人即存款人，是指在批准办理支票业务的银行机构开立可以使用支票的存款账户的单位和个人；付款人是出票人的开户银行；持票人是票面上填明的收款人，也可以是经背书转让的被背书人。

（2）种类　支票分为现金支票、转账支票和普通支票三种。

支票上印有"现金"字样的为现金支票，如图1-1所示，现金支票只能用于支取现金。支票上印有"转账"字样的为转账支票，转账支票只能用于转账，如图1-2所示。支票上未印有"现金"或"转账"字样的支票为普通支票，普通支票可以用于支取现金，也可以用于转账。在普通支票左上角划两条平行线的，为划线支票，划线支票只能用于转账，不得用于支取现金。

2．支票的适用范围

单位和个人之间在同一票据交换区域的各种款项的结算，均可以使用支票。支票影像交换系统支持全国使用。

3．支票常识

1）支票正面不能有涂改痕迹，否则本支票作废。

2）如果发现支票填写不全，可以补记，但不能涂改。

3）支票提示付款期限为十天，超过提示付款期付款的，出票人开户银行不予受理付款。

实训1-3　借款单的填制

实训内容　6月10日，销售科职工王新民赴南京开商品展销会，经批准向财务科借差旅费2 000元，财务人员审核无误后付现金。要求填制借款单。

实训资料　借款单一张（见图1-3）

借　款　单

资金性质 _____　　　　　　　　　年　月　日

借款单位			
借款理由			
借款数额	人民币（大写）		¥_____
本单位负责人意见		借款人（签章）	
公司领导审批：	会计主管人员核批：	付款记录：	

付款记录：

年　月　日　以第　　号

支票或现金支出凭单付给

图1-3　借款单

实训要求　根据实训内容，正确、规范地借款单。

实训指导

1）借款单是企业职工在向企业借款的时候使用的，比如差旅费借款。

2）借款单的填写要点　①正确填写填单日期；②填写借款理由，要求清楚简短；③正确填写"借款数额"的大小写；④借款人签章；⑤公司领导签章。

实训1-4　填制差旅费报销单

实训内容　6月13日，销售科职工王新民出差结束，报销差旅费。

出差事由：展销产品；出差地点：南京；出差日期：2021年6月10日至6月12日；出差补助：每天80元；住宿费：每天212元；交通费用：出租车费共计217.06元；往返火车票：济南到南京：279元；南京到济南：279元。要求：填写差旅费报销单。

实训资料　差旅费报销单一张（见图1-4）、火车票两张（见图1-5和图1-6），出租车票两张（见图1-7和图1-8），增值税普通发票一张（见图1-9）。

差旅费报销单

报销部门：　　　　　　　　　　　　　　　　　报销日期：　　年　　月　　日

出差人员：　　　　　　　　出差事由：

出差日期：	年	月	日 至	年	月	日 共计：	天

车船费					其他费用		
出发地	到达地	交通工具	附件张数	金额	项目	附件张数	金额
					住宿		
					餐饮		
					市内交通		
					通讯费		
					其他		
合　计					合　计		

费用合计：	元	大写（人民币）：	
预借差旅费：	元	补领金额：　　　　　元	退还金额：　　　　　元
核实后报销金额：	元	大写（人民币）：	

审批：　　　　会计主管：　　　　会计：　　　　部门主管：　　　　领款人：

图1-4　差旅费报销单

图1-5　火车票（1）

图1-6　火车票（2）

图1-7　出租车票（1）

图1-8　出租车票（2）

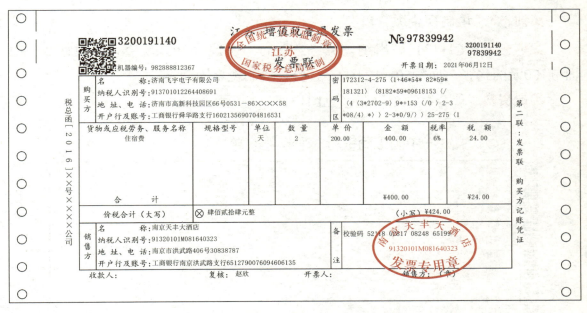

图1-9　增值税普通发票（发票联）

实训要求　根据实训内容，正确、规范地填写差旅费报销单。

实训指导

1）差旅费是指出差期间因办理公务而产生的交通费、住宿费和杂费等各项费用。差旅费是企业一项重要的经常性支出项目。差旅费核算的内容为用于出差旅途中的费用支出，包括购买车、船、火车、飞机票的费用、住宿费、伙食补助费及其他方面的支出。

2）差旅费报销单，是指出差人员回来后进行费用报销的一种固定表格式单据，除了包含姓名、部门、人数、事由、时间、地点之外，还包含了补贴标准、金额、项目、附件张数、金额合计（大小写）等内容。需要附上其他的原始票据，作为报销凭证。

3）差旅费报销单填写要点。①报销部门填写出差人员所在的部门，出差人员栏目填写出差人员姓名；②出差日期写上出差开始及截止的日期。出差事由写清楚出差的目的及主要内容。报销日期是填写该报销单的日期；③各费用栏按照实际发生的金额如实填写。最好用黑色或蓝色水笔写，不允许涂改。报销单填写完毕后，各项费用的合计应该等于下方的费用合计。合计用小写，报销总额用大写及小写；④市内交通，住宿费，补助按照公司的具体报销制度进行填写。放置凭证的时候将时间较早的凭证放在上面。每出差一次填写一张差旅费报销单。在外连续出差多天可以在同一张差旅费报销单中填写。

实训1-5　填制现金缴款单

实训内容　6月13日，出纳人员将当天的销售款1 650元现金存入银行（其中面额100元的16张，面额50元的1张）。要求填制现金缴款单。

实训资料　现金缴款单一张（见图1-10）。

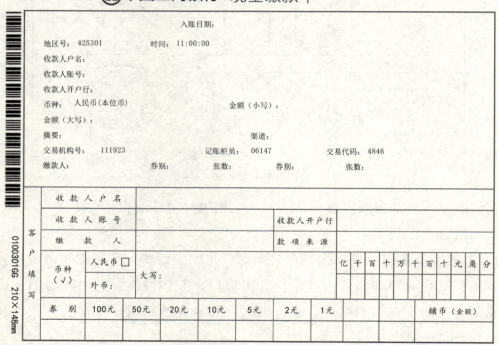

图1-10　现金缴款单

实训要求　根据实训内容，正确、规范地填写现金缴款单。

实训指导

1）现金缴款单是指出纳人员将现金送存银行时填写的原始凭证。一式两联，第一联为存根联（回单联），交由银行盖章后退回出纳人员，作为缴款人记账依据；第二联为凭证联（贷方传票联），由银行用作记账凭证。

2）填写要点：①入账日期必须填写缴款当日；②收款人户名和缴款人均填写本单位全称；③款项来源按取得现金的来源如实填写；④金额按实际缴款的金额填写。

3）注意事项：①开户单位收入现金应于当日送存开户银行，当日送存确有困难的，由开户银行确定送存时间；②开户单位支付现金，可以从本单位现金库存中支付或者从开户银行提取，不得从单位的现金收入中直接支付（即坐支）。

实训1-6　填制收料单

实训内容　6月15日，企业从红星电子有限公司购入A材料一批，取得的增值税专用发票上注明材料数量为500千克，金额150 000元，增值税税额19 500元。企业仓库保管员胡婉在验收入库A材料500千克时填制收料单。

实训资料　收料单一张（见图1-11）。

<table>
<tr><td colspan="13" align="center">**收　料　单**</td></tr>
<tr><td colspan="5">供应单位：</td><td colspan="4">年　　月　　日</td><td colspan="4">收料单编号：</td></tr>
<tr><td colspan="5">材料类别：</td><td colspan="4"></td><td colspan="4">收料仓库：</td></tr>
<tr><td rowspan="3">材料编号</td><td rowspan="3">名称</td><td rowspan="3">规格</td><td rowspan="3">单位</td><td colspan="2">数量</td><td colspan="5">实际成本</td><td rowspan="3">第三联</td></tr>
<tr><td rowspan="2">应收</td><td rowspan="2">实收</td><td colspan="2">买价</td><td rowspan="2">运杂费</td><td rowspan="2">其他</td><td rowspan="2">合计</td></tr>
<tr><td>单价</td><td>金额</td></tr>
<tr><td></td><td></td><td></td><td></td><td></td><td></td><td></td><td></td><td></td><td></td><td></td><td rowspan="6">记账联</td></tr>
<tr><td></td><td></td><td></td><td></td><td></td><td></td><td></td><td></td><td></td><td></td><td></td></tr>
<tr><td></td><td></td><td></td><td></td><td></td><td></td><td></td><td></td><td></td><td></td><td></td></tr>
<tr><td colspan="4" align="center">合　　计</td><td></td><td></td><td></td><td></td><td></td><td></td><td></td></tr>
<tr><td colspan="4" align="center">备　　注</td><td></td><td></td><td></td><td></td><td></td><td></td><td></td></tr>
<tr><td colspan="3">仓库主管：</td><td colspan="3">记账：</td><td colspan="3">收料：</td><td colspan="3">制单：</td></tr>
</table>

图1-11　收料单

实训要求　根据实训内容，正确、规范地填写收料单。

实训指导

1）收料单是记录材料验收入库的一种原始凭证。一般包括收到材料的类别、编号、名称规格、计量单位、应收数量、实收数量及单价、金额等。

2）收料单可由仓库保管员在材料验收时填制，一式三联。其中，第一联仓库留存，仓库据以收发货，并登记材料卡片和材料明细账；第二联送采购部门留存，通知材料业已验收入库；第三联送会计部门，用作材料收入的凭证。

3）收料单填写要点：①收料单由仓库保管员填写；②年、月、日以收到材料货物的当天日期为准；③供应单位，应为供应商名称；④材料类别，根据材料的性质具体填写，如原材料及主要材料、辅料、劳保用品、低值易耗品等；⑤收料单编号，为企业自制编号；⑥收料仓库，企业自行对仓库进行分类，如第一仓库、第二仓库，或原材料库、辅料库等；⑦材料编号、名称、规格、单位，根据供应商送货单上的具体内容填写；⑧数量，分为应收和实收，应收是单位的订单数量，实收是单位实际收到的材料货物数量；⑨买价（包括单价和金额）和运杂费等其他费用，如运输和装卸费、包装费、仓库保管费等；⑩合计栏为所有金额合计，其公式为：合计金额=买价+运杂费+其他费用；⑪仓库主管、记账人员、收料人员、制单人员等信息根据实际情况，据实填写。注意，单价不合计。

实训1-7　填制领料单（即发料单）

实训内容　6月18日，生产车间领料员到原材料库领用A材料300千克。

实训资料　领料单一张（见图1-12）。

领　料　单

领料部门：

用　　途：　　　　　　　　　　　年　　月　　日　　　　编号：

材料编号	材料名称	规格	计量单位	数量		成本		备注
				请领	实发	单价	金额	
合计								

部门主管：　　　　记账：　　　　仓库主管：　　　　领料：　　　　发料：

图1-12　领料单

实训要求　根据实训内容，正确、规范地填写领料单。

实训指导

1）领料单是材料领用和发出的原始凭证。领料单是一次有效的领料凭证，每领用一次材料都应填制领料单。企业、车间或部门从仓库中领用各种材料，都应履行出库手续，由领料经办人根据需要材料的情况填写领料单，并经领料部门主管领导批准到仓库领用材料。仓库保管员根据领料单，审核其用途，认真计量发放材料，并在领料单上签章。

2）"领料单"一式三联，第一联是存根联，留仓库，据以登记材料物资明细账和材料卡片；第二联留领料部门备查，第三联是记账联，填制后转会计部门或月末经汇总后转会计部门据以进行总分类核算。

3）领料单的内容：①日期，为具体领料的日期；②领料部门，为领料的部门名称，细化到班组，此项目填写关系到部门消耗的正确归集；③部门主管，为领料部门主管；④发料，具体发料的人员，填写此栏目可以明确发料的人员，对后续可能出现的问题及时找到当事人解决；⑤领料，为实际领料人员，填写此栏目可以明确领料的人员，对后续可能出现的问题，及时找到当事人解决；⑥材料名称即所要领用材料的名称，此栏目的填写，关系到仓库人员做记录时录入的正确性；⑦规格，所要领用材料的规格，此栏目的填写，关系到仓库人员做记录时录入的正确性；⑧用途，即所要领用材料的使用用途；⑨数量和单位即所要领用材料的数量与计量单位，此栏目的填写关系到库存账目的平衡；⑩备注，其他需要补充的说明。

实训1-8　填制产成品入库单

实训内容　6月20日，生产车间完工产品200件，交产成品仓库验收入库。

实训资料　产成品入库单一张（见图1-13）。

产成品入库单

产品编号	产品名称	规格	计量单位	数量		单位成本	总成本	备注
				送检	实收			

交库单位：　　　　　　　　　　年　　月　　日　　　　　仓库：　　编号：357

仓库主管：　　　　保管员：　　　　记账：　　　　制单：

图1-13　产成品入库单

实训要求　根据实训内容，正确、规范地填写产成品入库单。

实训指导

1）企业产品完工后，需将已完工的产成品交产成品仓库，经仓库保管员验收，填制产成品入库单，办理入库手续。

2）产成品入库单的填制要点：①正确填写入库产品的交库单位名称，对于制造型企业，自制产成品入库时，填写生产车间名称；②正确填写入库单时间，一定要与货物入库时间吻合；③据实填写入库产成品的规格、编号、名称、单位、数量等；④至少两人以上签名。

3）注意事项：①保证入库单编号的连续性，如果不慎填错，需注明作废，但不要撕毁单据；②仓库的产成品入库单只有数量，价格在月末的时候，由财务部门按照一定方法分配成本，确定哪些成本是产成品的，哪些成本是在产品的，然后确定产成品的单价，再统一计算价格。

实训1-9　填制出库单、销售产品的增值税专用发票

实训内容　6月21日，企业向济南雅丹商贸有限公司销售甲产品100件，开出的增值税专用发票上注明价款20 000元，增值税税额2 600元，产品已经发出，货款尚未收回。

实训资料　产成品出库单一张（见图1-14）、增值税专用发票一张（一式三联）（见图1-15～图1-17）。

实训要求　根据实训内容，正确、规范地填写产成品出库单及增值税专用发票。

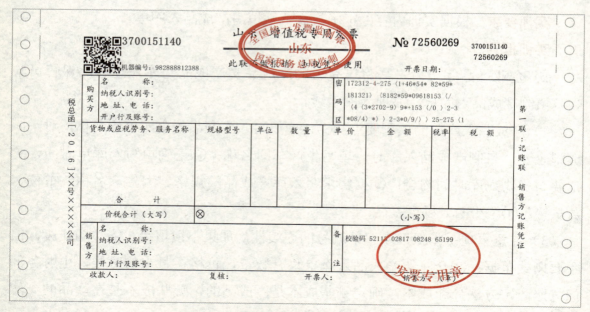

图1-14　出库单

图1-15　增值税专用发票（记账联）

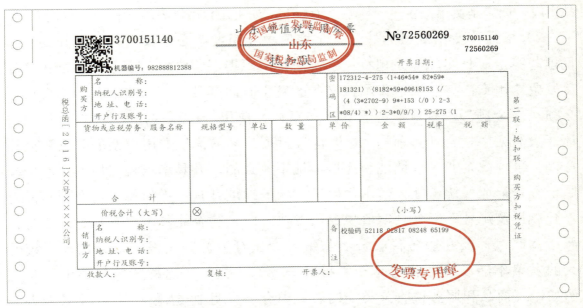

图1-16　增值税专用发票（抵扣联）

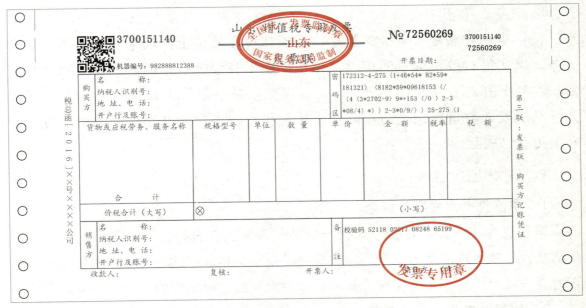

图1-17　增值税专用发票（发票联）

实训指导

1）出库单的填写：①企业销售产品时，应填制出库单。产成品的出库单一式四联，第一联为存根；第二联交财务记账；第三联提货；第四联随货同行。出库单可以只填品名，数量，不填单价；②出库单的主要内容：购货单位（部门）、出库日期、商品编号、商品名称、规格、单位、单价、数量、金额、备注等。上述信息全部按照商品核对无误后填入，且制单人、保管人、经手人均需签名确认；③产成品出库，如果是卖出，备注一栏填"销售"，如果是自用，备注一栏填"自用"。

2）增值税专用发票的填开：①增值税专用发票必须按下列要求开具：项目填写齐全，与实际交易相符；字迹清楚，不得压线错格；发票联和抵扣联加盖发票专用章；按照增值税纳税义务的发生时间开具；开具增值税专用发票，必须在"金额""税额"栏合计（小写）数前用"¥"符号封顶，在"价税合计（大写）"栏合计数前用"⊗"符号封顶；②增值税专用发票的开具还要注意以下事项：企业经营地址和注册地址不一致的，开具增值税专用发票时应按照税务登记证（统一社会信用代码证）上的地址开具；增值税专用发票写的是"开户行及账号"，开具增值税专用发票时应填写企业基本户开户行及账号；严格按照《商品和服务税收分类与编码（试行）》开具发票，采用新系统开具的发票不能以"办公用品""材料一批""礼品"这样的笼统词汇开具，例如，《商品和服务税收分类编码表》中有一个明细类别是"纸制文具及办公用品"，因此，货物名称写"纸制文具及办公用品"是符合规范的，但是只写"办公用品"是不符合规范的；按相关税法规定，发票信息需要依次据实填写，销售货物，需要将单价、数量、金额体现在发票上；如果属于提供服务或劳务，确实没有单位数量的可以不体现；由于开票时有限额，销售货物有时不能一次性全开，分开开具发票时，会出现数量是小数，比如"0.4台"，只要分开开具的发票数量总额是与实际销售数量相符即可；成品油专用发票在发票的左上角有"成品油"三个字。

■ **知识链接**

1. 增值税专用发票的概念

增值税专用发票，是指增值税一般纳税人发生应税行为而开具的发票，它既是纳税人反映经济活动的重要会计凭证，又是兼记销货方纳税义务和购货方进项税额的合法证明；它也是增值税计算和管理中重要的、决定性的、合法的专用发票。

2. 增值税专用发票的使用

增值税一般纳税人应通过增值税防伪税控系统使用专用发票。使用，包括领购、开具、缴销、认证、稽核比对等。

3. 增值税专用发票的联次

增值税专用发票由基本联次或者基本联次附加其他联次构成，基本联次为三联，第一联是记账联，作为销售方核算销售收入和增值税销项税额的记账凭证，在票面上的"税额"指的是"销项税额"，"金额"指的是销售货物的"不含税金额价格"；第二联是抵扣联，作为购买方认证和报送主管税务机关及留存备查的扣税凭证；第三联是发票联，作为购买方核算采购成本和增值税进项税额的记账凭证。其他联次用途，由纳税人自行确定。

微课1-3　原始凭证的填制

任务二　累计凭证的填制

实训1-10　　限额领料单的填制

实训内容　济南飞宇电子有限公司对原材料B材料实行限额领料制度，已知B材料是生产乙产品的主要材料。限额领料单规定的6月份乙产品完工数量为1 000件，每件乙产品的B材料的消耗定额为4千克，则领料限额为4 000千克；本月生产车间实际领用B料3 500千克：6月10日领用1 000千克，6月16日领用2 000千克，6月26日领用500千克。B材料的单位成本为每千克150元。

实训资料　限额领料单一张（见图1-18）。

限额领料单

领料部门：

用途：　　　　　　　　　　　年　　月　　　　　　　　　　编号：37935287

材料类别	材料名称	规格	计量单位	单价	领用限额	全月实领	
						数量	金额

日期	请领			实发		结余限额
	数量	领料单位负责人签章	领料人签章	数量	发料人签章	
合计						

生产计划部门负责人：　　　　　供应部门负责人：　　　　　　　　仓库保管员：

图1-18　限额领料单

实训要求　根据实训内容，正确、规范地填写限额领料单。

实训指导

1）限额领料单亦称"定额领料单"，是一种多次使用的累计领料凭证，在有效期间（最多为一个月）内，只要领用不超过限额，就可以连续使用。它用于经常领用、并规定有领用限额的材料领发业务。

2）限额领料单应在每月开始前，由生产计划部门根据生产作业计划和材料消耗定额，按照每种材料分用途编制，通常为一式两联：一联送交仓库据以发料；另一联送交领料部门据以领料。

3）限额领料单中注明了某种材料在规定期限内的领用额度，用料单位每次领料及退料，都要由经办人员在限额领料单上逐笔记录、签章，并结出结余限额，使用这种凭证，既可以做到对领用材料的事前控制，又可简化凭证填制手续。但因这种凭证要反复使用，必须有严格的凭证的保管制度和材料收发手续。

任务三　汇总凭证的填制

实训1-11　发出材料汇总表的填制

实训内容　2021年6月30日，济南飞宇电子有限公司将本月领用A材料的领料单进行汇总，本月A材料的领用情况如下：6月18日，生产车间生产甲产品领用A材料300千克；6月28日，生产车间生产甲产品领用A材料500千克，车间一般耗用A材料100千克，A材料单位成本为80元/千克。

实训资料　领料单两张（见图1-19、图1-20）、发出材料汇总表一张（见图1-21）。

实训要求　根据实训内容，正确、规范地按照领料单填写发出材料汇总表。

<table>
<tr><td colspan="11" align="center">领　料　单</td></tr>
<tr><td colspan="11">领用部门：生产车间</td></tr>
<tr><td colspan="5">仓库：原材料库</td><td colspan="3" align="center">2021 年　06 月　18 日</td><td colspan="3">编号：712</td></tr>
<tr><td rowspan="2">编　号</td><td rowspan="2">类　别</td><td rowspan="2">材料名称</td><td rowspan="2">规　格</td><td rowspan="2">单　位</td><td colspan="2" align="center">数　量</td><td colspan="2" align="center">实际成本</td></tr>
<tr><td>请领</td><td>实发</td><td>单价</td><td>金额</td></tr>
<tr><td></td><td>原材料及主要材料</td><td>A材料</td><td></td><td>千克</td><td>300</td><td>300</td><td></td><td>0.00</td></tr>
<tr><td></td><td></td><td></td><td></td><td></td><td></td><td></td><td></td><td></td></tr>
<tr><td rowspan="3">用　途</td><td rowspan="3" colspan="4">生产甲产品用</td><td colspan="2" align="center">领料部门</td><td colspan="2" align="center">发料部门</td></tr>
<tr><td>负责人</td><td>领料人</td><td>核准人</td><td>发料人</td></tr>
<tr><td>徐姿</td><td>张彬</td><td>胡婉</td><td>王泓毅</td></tr>
</table>

第三联　记账联

图1-19　A材料领料单（1）

领　料　单

领用部门：生产车间

仓库：原材料库　　　　　　　　　2021 年　06 月　28 日　　　　　　　编号：713

编号	类别	材料名称	规格	单位	数　量		实际成本	
					请领	实发	单价	金额
	原材料及主要材料	A材料		千克	600	600		0.00
用　途	生产甲产品领用500千克，车间一般耗用100千克				领料部门		发料部门	
					负责人	领料人	核准人	发料人
					徐姿	张彬	胡婉	王泓毅

第三联　记账联

图1-20　A材料领料单（2）

发 出 材 料 汇 总 表

年　　　月　　　日　　　　　　　　　　单位：

领料部门及用途	A材料						其他材料	合计
	数量	单价	金额	数量	单价	金额		
合计								

会计主管：　　　　　　记账：　　　　　　　保管：　　　　　　　制表：

图1-21　发出材料汇总表

实训指导

1）"发出材料汇总表"是由材料会计根据各部门到仓库领用材料时填制的领料单按旬汇总，每月编制一份，送交会计部门做账务处理。它是反映一定期间内各种材料发料总数的自制原始凭证。

2）本例中，"发出材料汇总表"是根据本月两张领料单（图1-19、图1-20）汇总编制，依次填写领料部门、用途、材料名称、领用数量、单价、金额等。本例中的生产车间生产甲产品领用A材料的数量为800（300+500）千克，单价（单位成本）为80元，金额为64 000元。

想一想

累计凭证与汇总凭证有什么区别？

累计凭证是指在一定时期内多次记录发生的同类型经济业务的原始凭证，而汇总凭证是指对一定时期内反映经济业务相同的若干张原始凭证的汇总。从性质上看，都是"同类型经济业务"或"经济业务相同"；从数量上看，前者一般是在"一张"原始凭证上完成数次填写，后者一般是对"若干张"一次性原始凭证的汇总。

项 目 总 结

1. 知识准备

原始凭证的概念和种类；原始凭证的内容；填制原始凭证的要求。

2. 项目实训

常用原始凭证的填制包括一次性凭证的填制（包括现金支票、转账支票、借款单、差旅费报销单、现金缴款单、收料单、领料单、产成品入库单、出库单、增值税专用发票）、累计凭证的填制（限额领料单）和汇总凭证的填制（发出材料汇总表）。

项目二　记账凭证的填制

项目描述

记账凭证又称记账凭单，是指会计人员将根据审核无误的原始凭证按照经济业务事项的内容加以分类，并据以确定会计分录后所填制的会计凭证。它是登记账簿的直接依据。记账凭证按其用途可以分为专用记账凭证和通用记账凭证。本项目介绍记账凭证的种类、内容和填制要求及专用记账凭证、通用记账凭证的填制方法，有助于学生掌握根据原始凭证填制记账凭证的基本技能。

学习目标

1. 知识目标

1）了解记账凭证的种类。

2）明确记账凭证的内容。

3）明确填制记账凭证的要求。

2. 能力目标

1）掌握专用记账凭证的填制方法。

2）掌握通用记账凭证的填制方法。

3. 情感目标

确立学习目标，在学习的过程中进行目标分解并努力付诸行动，依次去实现每一个小目标，最终实现大的成功。

情智故事

车洪才：36年编就一本词典的职业坚守 | 敬业，坚毅，耐心钻研的职业态度

1978年国家立项编纂《普什图语汉语词典》，共包括5.2万个词条，大约15万张卡片，200多万字，这项任务被授予了时年42岁的车洪才。2014年，当78岁的车洪才走进商务印书馆交付成果，已无人记得这本历时36年才编就的词典。

1978年，车洪才接到任务后，在北京广播学院一间不大的办公室里开始了最初的编纂工作。到1981年，他已经整理了10万张卡片，足足装了30多个箱子，但新的教学任务迫使编纂中断。1984年从调研工作中归来，车洪才发现因为办公室装修造成资料卡大量丢失。从那以后，幸存下来的卡片落户在他的家里，并随他搬家多次。

1989年，车洪才被外交部借调，2000年，已到退休年龄的他又被学校返聘。虽然工作繁忙，但他只要能腾出时间，就会继续编纂工作。直到2008年，72岁的车洪才停止了教学工作，开始继续全力编纂《普什图语汉语词典》。普什图语非常复杂，一个圈点的差别就完全是两个字，非常考验眼力。一年又一年过去，车洪才的工作单位和商务印书馆都忘记了这项工作任务，而做了两次眼科手术的车洪才一直坚持在案边工作。

"我心里有底，我编的东西的分量我知道。"车洪才说："词典是后世之师，至少影响两三代人。现在物质的东西被提得很露骨，干什么都要讨价还价，在我看来，能为国家做点事，就算没白活。"

思想感悟 作为会计从业人员，我们也要学习车洪才教授这种敬业、坚毅与耐心钻研的职业态度。会计工作琐碎而细致，一个数字、一个计量单位的差错带来的影响都是巨大的，这就要求会计从业人员在处理各类账务时要耐心、细致，秉持敬业精神，保持良好的职业态度，才能在会计岗位上成就一番事业。

知识准备

一、记账凭证及其分类

记账凭证又称记账凭单，是指会计人员将审核无误的原始凭证按照经济业务事项的内容加以分类，并据以确定会计分录后所填制的会计凭证。它是登记账簿的直接依据。

记账凭证按其用途可以分为专用记账凭证和通用记账凭证。

1. 专用记账凭证

专用记账凭证是指分类反映经济业务的记账凭证。这种记账凭证按其反映经济业务的内容不同，又可以分为收款凭证、付款凭证和转账凭证。

（1）收款凭证　收款凭证是指用于记录库存现金和银行存款收款业务的会计凭证。

（2）付款凭证　付款凭证是指用于记录库存现金和银行存款付款业务的会计凭证。

（3）转账凭证　转账凭证是指用于记录不涉及库存现金和银行存款的其他业务的会计凭证。

2. 通用记账凭证

通用记账凭证是指用来反映所有业务的记账凭证。通用记账凭证的格式，不再分为收款凭证、付款凭证和转账凭证，而是以一种格式记载全部经济业务。

二、记账凭证的内容

记账凭证必须具备以下基本内容：

1）记账凭证的名称及填制单位名称。

2）填制记账凭证的日期。

3）记账凭证的编号。

4）经济业务事项的内容摘要。

5）经济业务事项所涉及的会计科目及其记账方向。

6）经济业务事项的金额。

7）记账标记。

8）所附原始凭证张数。

9）会计主管、记账、审核、出纳、制单等有关人员的签章。

三、记账凭证的填制要求

1. 记账凭证填制的基本要求

1）记账凭证各项内容必须完整。

2）记账凭证必须以审核无误的原始凭证为依据。

3）记账凭证应连续编号。一笔经济业务需要填制两张以上记账凭证的，可以采用分数编号法编号。

4）记账凭证的书写应清楚、规范。相关要求同原始凭证。

5）记账凭证可以根据每一张原始凭证填制，或根据若干张同类原始凭证汇总编制，也可以根据原始凭证汇总表填制。但不得将不同内容和类别的原始凭证汇总填制在一张记账凭证上。

6）记账凭证上，必须有填制（制单）人员、审核人员、记账人员和会计主管的签名或盖章。对于发生的收款和付款业务必须坚持先审核后办理的原则，出纳人员要在有关收款凭证和付款凭证上签章，以明确经济责任。对已办妥收付款的收款凭证或付款凭证及所附的原始凭证，出纳人员要当即加盖"收讫"或"付讫"戳记，以避免重收重付或漏收漏付的发生。

7）除结账和更正错误的记账凭证可以不附原始凭证外，其他记账凭证必须附有原始凭证。

2. 记账凭证填制的其他注意事项

1）所附原始凭证张数的计算，一般以所附原始凭证自然张数为准。

2）一张原始凭证如涉及几张记账凭证的，可以把原始凭证附在一张主要的记账凭证后面，并在其他记账凭证上注明附有该原始凭证的记账凭证编号或附上该原始凭证的复印件。

3）一张原始凭证所列的支出需要由几个单位共同负担时，应当由保存该原始凭证的单位开具原始凭证分割单给其他应负担的单位。原始凭证分割单必须具备原始凭证的基本内容。

4）填制记账凭证时若发生错误应当重新填制。已登记入账的记账凭证在当年内发现填写错误时，可以用红字填写一张与原内容相同的记账凭证，在摘要栏注明"注销某月某日某号凭证"字样，同时再用蓝字重新填制一张正确的记账凭证，注明"订正某月某日某号凭证"字样。如果会计科目没有错误，只是金额错误，也可将正确数字与错误数字之间的差额，另编一张调整的记账凭证，调增金额用蓝字、调减金额用红字。发现以前年度记账凭证有错误的，应当用蓝字填制一张更正的记账凭证。

5）记账凭证填制完相关经济业务事项后，如有空行，应当自金额栏最后一笔金额数字下的空行处至合计数上的空行处画线注销。

项目实训

任务一　专用记账凭证的填制

实训1-12　**收款凭证的填制**

实训内容　6月11日，济南飞宇电子有限公司向济南红星电子有限公司销售B

材料10千克，开出的增值税普通发票上注明价款2 000元，增值税税额260元，原材料已经发出，货款已经通过银行收回。

　　实训资料　增值税普通发票一张（见图1-22）、工商银行进账单（回单）一张（见图1-23）、收款凭证一张（见图1-24）。

　　实训要求　根据图1-22、图1-23填制收款凭证（见图1-24）。

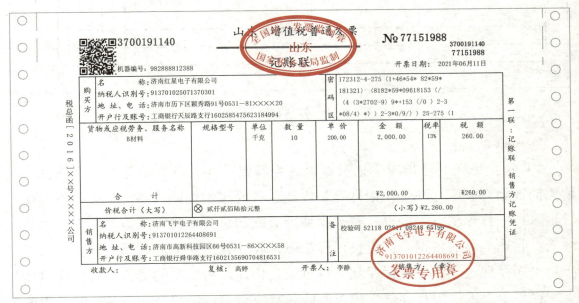

图1-22　增值税普通发票（记账联）

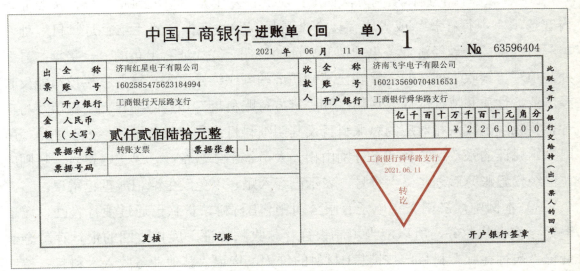

图1-23　工商银行进账单（回单）

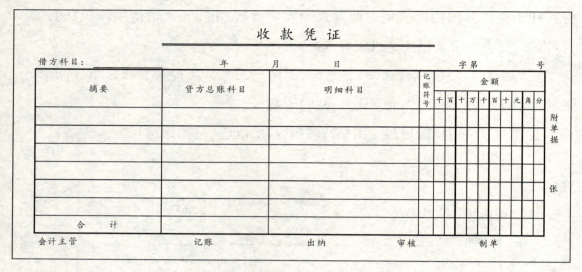

图1-24　收款凭证

实训指导

1) 收款凭证，是指用于记录库存现金和银行存款收款业务的记账凭证，收款凭证根据有关库存现金和银行存款收款业务的原始凭证填制，是登记库存现金日记账、银行存款日记账以及有关明细分类账和总分类账等账簿的依据，也是出纳人员收讫款项的依据。在借贷记账法下，收款凭证左上方所填列的借方科目，应是"库存现金"或"银行存款"科目。在凭证内所反映的贷方科目，应填列与"库存现金"或"银行存款"相对应的科目。金额栏填列经济业务实际发生的数额，在凭证的右侧填写所附原始凭证张数，并在出纳及制单处签名或盖章。

2) 收款凭证的具体填制方法如下：①凭证左上角"借方科目"处，按照业务内容选填"银行存款"或"库存现金"科目；②凭证上方的"年、月、日"处，填写财会部门受理经济业务事项填制凭证的日期；③凭证右上角的"　字第　号"处，填写"银收"或"收"字和已填制凭证的顺序编号；④"摘要"栏填写能反映经济业务性质和特征的简要说明；⑤"贷方总账科目"和"明细科目"栏填写与银行存款或现金收入相对应的总账科目及其明细科目；⑥"附单据　张"处填写所附原始凭证的张数；⑦凭证下分别由相关人员签字或盖章；⑧"记账符号"栏则应在已经登记账簿后划"√"符号，表示已经入账，以免发生漏记或重记错误。

3) 本例中，济南飞宇电子有限公司销售B材料，货款已通过银行收回，属于银行存款收款业务，所以应当填制银行存款收款凭证。应按收回的银行存款金额借记"银行存款"科目，按销售B材料的价款，贷记"其他业务收入"科目，按增值税额，贷记"应交税费——应交增值税（销项税额）"科目。

实训1-13 **付款凭证的填制**

实训内容 以本模块项目一实训1-2业务为例，2021年6月6日，企业开出转账支票50 000元，向济南红星电子有限公司预付原材料款。

实训资料 转账支票存根一张（见图1-25）、付款凭证一张（见图1-26）。

实训要求 根据图1-25填制付款凭证（见图1-26）。

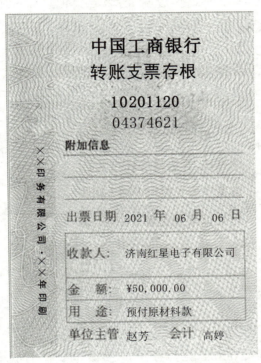

图1-25 转账支票存根

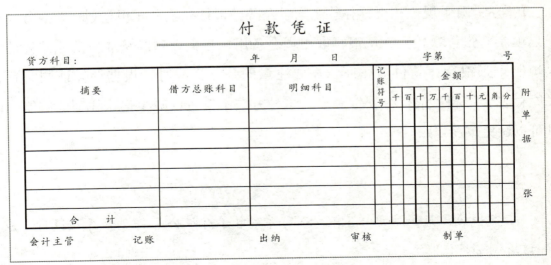

图1-26 付款凭证

实训指导

1）付款凭证是指根据库存现金和银行存款支付业务的原始凭证编制的，专门用来填列付款相关业务会计分录的记账凭证。根据现金支付业务的原始凭证编制的付款凭证，称为现金付款凭证；根据银行存款支付业务的原始凭证编制的付款凭证，称为银行存款付款凭证。付款凭证既是登记现金日记账、银行存款日记账以及有关明细分类账和总分类账的依据，也是出纳员支付款项的依据。付款凭证上需要有会计主管、记账、出纳、审核、制单人员的签字。

2）付款凭证的格式及填制方法与收款凭证基本相同，只是将凭证的"借方科目"与"贷方科目"栏目交换位置；填制时先填写"贷方科目"的"库存现金"或"银行存款"科目，再填写与付出的现金或银行存款相对应的总账科目和明细科目。

3）本例中，济南飞宇电子有限公司开出转账支票向济南红星电子有限公司预付原材料款50 000元，属于支付银行存款的业务，所以应该填制银行存款付款凭证，借记"预付账款"科目，贷记"银行存款"科目。

想一想

本模块项目一实训1-1中，2021年6月1日，济南飞宇电子有限公司开出现金支票从银行提取2 000元现金备用，应该填制哪种记账凭证？

【提示】对于现金和银行存款之间以及各种银行存款之间相互划转的业务，一般只填制一张付款凭证。从银行取出现金备用，根据该项经济业务的原始凭证，只填制一张银行存款付款凭证。需要注意的是，记账时，根据该凭证同时登记"库存现金"和"银行存款"账户。这种方法不仅可以减少记账凭证的编制，而且可以避免重复记账。

想一想

本模块项目一实训1-5中，济南飞宇电子有限公司将现金存入银行，应该填制哪种记账凭证？

实训1-14　转账凭证的填制

实训内容　根据本模块项目一实训1-9，6月21日，企业向济南雅丹商贸有限公司销售甲产品100件，开出的增值税专用发票上注明价款20 000元，增值税税额2 600元，产品已经发出，货款尚未收回。

微课1-4　相互划转业务专用记账凭证的填制

实训资料　产成品出库单一张（见图1-14）、增值税专用发票一张（见图1-15），转账凭证一张（见图1-27）。

实训要求　根据图1-14及图1-15填制转账凭证。

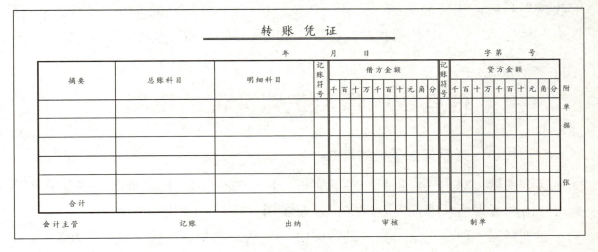

图1-27　转账凭证

实训指导

1）转账凭证是指用来记录除库存现金、银行存款以外的其他经济业务的记账凭证。它是根据有关转账业务（即不涉及库存现金和银行存款收付的各项业务）的原始凭证填制的，作为登记有关账簿的依据。

2）转账凭证的填制方法：在借贷记账法下，将经济业务所涉及的会计科目全部填列在凭证内，借方科目在先，贷方科目在后，将各会计科目所记应借应贷的金额填列在"借方金额"或"贷方金额"栏内；借、贷方金额合计数应该相等；制单人应在填制凭证后签名盖章，并在凭证的右侧或左侧填写所附原始凭证的张数。

3）本例中，企业销售产品，货款尚未收回，不涉及库存现金和银行存款的收付，属于转账业务，所以应填制转账凭证。企业应按照应该收回的价税合计数，借

微课1-5　记账凭证的定义、分类、内容及填制

记“应收账款”科目，按销售价款贷记“主营业务收入”科目，按增值税额，贷记“应交税费——应交增值税（销项税额）”科目。

想一想

本模块项目一实训1-4中，6月13日，销售科职工王新民报销差旅费1 439.06元，退回现金560.94元，企业应当填制哪种记账凭证？

【提示】本例中，企业应当填制两种记账凭证，即转账凭证和现金收款凭证。企业应按实际报销的差旅费金额1 439.06元，借记“管理费用”科目，贷记“其他应收款”科目，相应地填制一张转账凭证；按退回的现金560.94元，借记“库存现金”科目，贷记“其他应收款”科目，相应地填制一张现金收款凭证。

任务二　通用记账凭证的填制

实训1-15　通用记账凭证的填制

实训内容　对本模块项目一中的实训1-1，2021年6月1日，济南飞宇电子有限公司开出现金支票从银行提取2 000元现金备用。

实训资料　现金支票一张（见图1-1）、通用记账凭证一张（见图1-28）。

实训要求　根据现金支票填制通用记账凭证。

记 账 凭 证

年　月　日　　　　记字第　　号

摘要	总账科目	明细科目	记账符号	借方金额										记账符号	贷方金额										附单据　张
				千	百	十	万	千	百	十	元	角	分		千	百	十	万	千	百	十	元	角	分	
合　计																									

会计主管　　记账　　出纳　　审核　　制单

图1-28　通用记账凭证

实训指导

1）通用记账凭证是适合于所有经济业务的格式统一的记账凭证。通用记账凭证是相对于专用记账凭证而言的，一般适用于业务量少、凭证不多的小型企事业单位等。

　　2）通用记账凭证的填制方法：采用通用记账凭证，将经济业务所涉及的会计科目全部填列在一张凭证内，借方在前，贷方在后，将各会计科目所记应借应贷的金额填列在"借方金额"和"贷方金额"栏内，借贷方金额要相等。

想一想

专用记账凭证与通用记账凭证有什么不同？

【提示】专用记账凭证按其反映经济业务的内容不同，分为收款凭证、付款凭证和转账凭证。通用记账凭证没有将记账凭证按照内容进行分类，而是发生什么样的经济业务就直接做会计分录，不再进行详细分类了。通用记账凭证的格式与转账凭证基本相同。

项目总结

1. 知识准备

记账凭证的种类；记账凭证的内容；填制记账凭证的要求。

2. 项目实训

记账凭证的填制包括专用记账凭证的填制（收款凭证、付款凭证、转账凭证）和通用记账凭证的填制。

项目三　会计凭证的审核

项目描述

　　审核会计凭证是通过对会计凭证的审核来核算和监督每一项经济业务的正确性，完整性，它是会计核算的基础。所有原始凭证都要经过会计部门和其他有关部门的审核。只有审核后认为正确无误的原始凭证，才能作为填制记账凭证的依据和登记账簿的依据。会计凭证的审核可以起到监督、控制经济活动，提供记账依据，加强经济责任的作用。本项目介绍原始凭证审核的意义和内容及记账凭证审核的意义和内容，掌握原始凭证和记账凭证审核的方法。

学习目标

1. 知识目标

1）了解原始凭证及记账凭证审核的意义。

2）明确原始凭证及记账凭证审核的内容。

2. 能力目标

掌握审核原始凭证及记账凭证的方法。

3. 情感目标

树立诚信价值观，培养良好的职业道德，做诚实守约的好公民。

情智故事

汽车维修店店主的坚持丨闪光的品格：诚信

某天，一个顾客走进一家汽车维修店，自称是某运输公司的汽车司机，他对店主说："在我的账单上多写点零件，我回公司报销后，有你一份好处。"但店主拒绝了这样的要求。顾客纠缠道："我的生意不算小，而且我会常来的。您肯定能赚更多钱！"店主告诉他，这事自己无论如何也不会做。顾客气急败坏地嚷道："谁都会这么干的，我看你是太傻了。"店主火了，他要那个顾客马上离开，到别处去谈这种生意去。这时顾客露出微笑并满怀敬佩地握住店主的手："我就是那家运输公司的老板，我一直在寻找一个固定的、信得过的维修店，你还让我到哪里去谈这笔生意呢？"

思想感悟 面对诱惑不心动，不为其所惑，这是一种闪光的品格——诚信。市场经济是信用经济，没有信用就没有长久的发展，没有信用就没有市场竞争力，没有信用也就没有经济秩序。

党的十八大报告指出，要倡导诚信这一社会主义核心价值观，深入开展道德领域突出问题专项教育和治理，加强政务诚信、商务诚信、社会诚信和司法公信建设。这是党中央从实现中华民族伟大复兴梦想的高度，对社会公德、职业道德建设提出的基本要求。《企业会计准则》要求："企业应当以实际发生的交易或者事项为依据进行会计确认、计量和报告，如实反映符合确认和计量要求的各项会计要素及其他相关信息，保证会计信息真实可靠、内容完整。"这也是对会计人员诚信的要求。

知识准备

一、原始凭证的审核

（一）原始凭证审核的意义

原始凭证审核是指按照规定对原始凭证进行的审查与核实。会计人员要对自制的或外来的原始凭证进行审核。通过审核原始凭证，检查执行国家的方针、政策、法规和制度的情况，加强资金管理，保证核算正确，同违法乱纪现象做斗争，保护企业财产。

（二）原始凭证审核的内容和要点

1. 审核原始凭证的内容和填制手续是否合规

对原始凭证内容和填制手续的审核主要核实原始凭证所记录的经济业务是否与实际情况相符；原始凭证必须具备的基本内容是否填写齐全；文字和数字是否填写正确、清楚；有关人员是否签字盖章。审核中若发现不符合实际情况、手续不完备或数字计算不正确的原始凭证，应退回有关经办部门或人员，要求他们予以补办手续。

2. 审核原始凭证反映的经济业务内容是否合理、合法

对合理、合法性的审核主要查明发生的经济业务是否符合国家的政策、法令和制度，有无违反财经纪律等违法乱纪的行为。

3. 技术性审核

技术性审核主要是根据原始凭证的填写要求，审核原始凭证的摘要和数字及其他项目是否填写正确；数量、单价、金额、金额合计是否填写正确；大、小写金额是否相符等。若有差错，应退回经办人员予以更正。

二、记账凭证的审核

（一）记账凭证审核的意义

为了保障会计信息的质量，在记账之前应由有关稽核人员对记账凭证进行严格的审核。为了正确登记账簿和监督经济业务，除了编制记账凭证的人员应当认真负责、正确填制、加强自审以外，还应建立专人审核制度。

（二）记账凭证审核的内容

1. 内容是否真实

在内容是否真实方面主要审核记账凭证是否有原始凭证为依据，所附原始凭证的内容与记账凭证的内容是否一致，记账凭证汇总表的内容与其所依据的记账凭证的内容是否一致等。

2. 项目是否齐全

在项目是否齐全方面主要审核记账凭证各项目，如日期、凭证编号、摘要、会计科目、金额、所附原始凭证张数及有关人员签章的填写是否齐全。

3. 科目是否正确

在科目是否正确方面主要审核记账凭证的应借、应贷科目是否正确，是否有明确的账户对应关系，所使用的会计科目是否符合企业会计准则的规定等。

4. 金额是否正确

在金额是否正确方面主要审核记账凭证所记录的金额与原始凭证的有关金额是否一致，计算是否正确，记账凭证汇总表的金额与记账凭证的金额合计是否相符等。

5. 书写是否规范

在书写是否规范方面主要审核记账凭证中的记录是否文字工整、数字清晰，是否按规定进行更正等。

6. 手续是否完备

在手续是否完备方面主要审核出纳人员在办理收款或付款业务后，是否已在原始凭证上加盖"收讫"或"付讫"的戳记等。

项目实训

任务一　原始凭证的审核

实训1-16　现金支票的审核

实训内容　2021年7月10日，济南飞宇电子有限公司开出现金支票从银行提取3 500元现金备用。所填现金支票如图1-29所示。

实训资料　现金支票（审核用）一张。

实训要求　对现金支票的完整性、准确性进行审核。

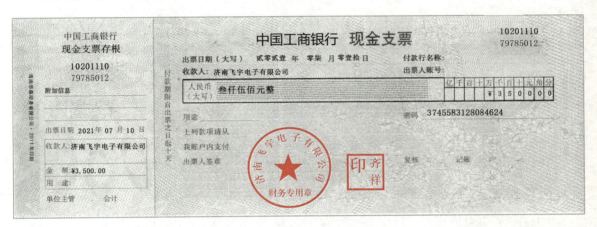

图1-29　现金支票（审核用）

实训指导

1）审核支票是否用碳素墨水填写或用专用打印机打印。

2）审核支票的各项内容是否填写齐全：①是否有签发单位的印鉴②大小写金额有无涂改③收款人是否是本单位④支票大小写金额填写是否正确，两者是否相符。

3）查看支票的出票日期，看看截止日是否在支票的付款期内。

4）如果是背书转让的支票，要查看其背书是否正确，是否连续。

5）填写进账单前，查看是否加盖了本单位预留银行印鉴。

实训1-17　增值税专用发票的审核

实训内容　2021年7月15日，济南飞宇电子有限公司向济南雅丹商贸有限公司销售甲产品300件，开出的增值税专用发票上注明价款60 000元，增值税税额7 800元，产品已经发出，货款尚未收回。

实训资料 增值税专用发票记账联（审核用）一张（见图1-30）。

实训要求 对增值税专用发票的完整性、准确性进行审核。

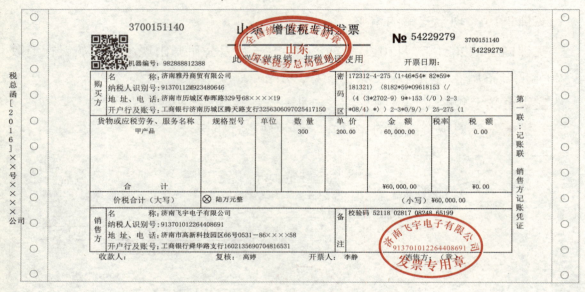

图1-30 增值税专用发票记账联（审核用）

实训指导

1）审核"购货单位名称"是否为本公司名称全称，"地址、电话""税务登记号""开户行及账号"等项目填写是否正确。

2）购买方应同时取得发票联（第二联）及抵扣联（第三联），并确保为运用防伪税控系统开具的专用发票，各联均加盖销货单位发票专用章，字轨号码一致，字迹清楚，不得涂改，各项目填写齐全、正确无误，票面金额与实际支付的金额相符，两联的内容和金额一致。

3）开票日期至本单位到税务机关认证日不得超过360天。

4）不同商品或劳务名称应分别填写，汇总金额开立的发票及抵扣凭证应有"销货清单"作为发票附件，商品名称应与入库单相符。

5）审核"数量""单价""金额""税率""税额""合计""价税合计"各栏计算是否正确，"价税合计"中的大小写金额是否相符。

6）审核该发票是否符合其他增值税专用发票的管理规定。

任务二　记账凭证的审核

实训1-18　**收款凭证的审核**

实训内容　2021年7月16日，济南飞宇电子有限公司向济南新源物资有限公司销售B材料3千克，开出的增值税普通发票上注明价款500元，增值税税额65元，收到现金565元。

实训资料　根据原始凭证2张（略）填制的收款凭证（审核用）（见图1-31）。

实训要求　对收款凭证的正确性、完整性进行审核。

实训指导　参照本项目知识准备中"记账凭证审核的内容"进行审核。

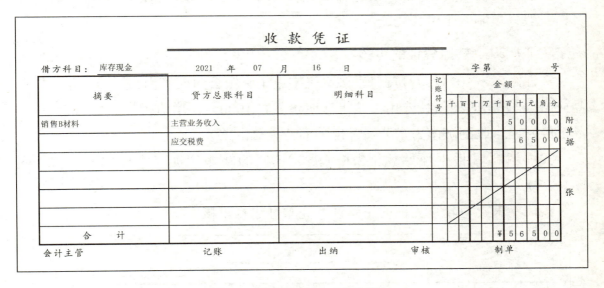

图1-31　收款凭证（审核用）

实训1-19　**相互划转业务记账凭证的审核**

实训内容　2021年7月16日，济南飞宇电子有限公司将当日销售B材料收到的现金565元存入银行。

实训资料　根据原始凭证1张（略）填制的相互划转业务记账凭证（审核用）如图1-32所示。

实训要求　对记账凭证的类型选择及相关正确性、完整性进行审核。

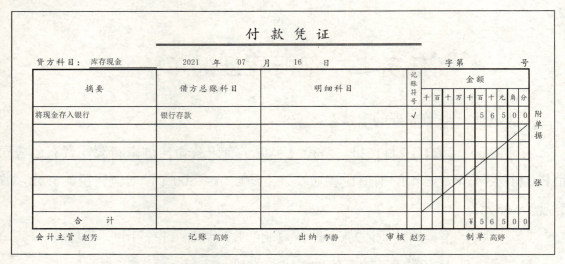

付 款 凭 证

贷方科目：库存现金　　　2021 年 07 月 16 日　　　字第　　　号

摘要	借方总账科目	明细科目	记账符号	金额 千 百 十 万 千 百 十 元 角 分	
将现金存入银行	银行存款		√	5 6 5 0 0	附单据
					张
合　计				￥ 5 6 5 0 0	

会计主管 赵芳　　　记账 高婷　　　出纳 李静　　　审核 赵芳　　　制单 高婷

图1-32　相互划转业务记账凭证（审核用）

实训指导　对于现金和银行存款之间以及各种银行存款之间的相互划转业务，一般只填制一张付款凭证。

实训1-20　**转账凭证的审核**

实训内容　2021年7月18日，济南飞宇电子有限公司向济南力诺公司销售甲产品500件，开出的增值税专用发票上注明价款110 000元，增值税税额14 300元，产品已经发出，收到济南力诺公司开出的商业承兑汇票一张。

实训资料　根据原始凭证2张（略）填制的转账凭证（审核用）一张（见图1-33）。

实训要求　对转账凭证的正确性、完整性进行审核。

转 账 凭 证

　　　年　　　月　　　日　　　字第　　　号

摘要	总账科目	明细科目	记账符号	借方金额 千 百 十 万 千 百 十 元 角 分	记账符号	贷方金额 千 百 十 万 千 百 十 元 角 分	
	应收账款	力诺公司		1 2 4 3 0 0 0 0			附
	主营业务收入	甲产品				1 1 0 0 0 0 0 0	单
	应交税费	应交增值税（销项税额）				1 4 3 0 0 0 0	据
							张
合计				￥ 1 2 4 3 0 0 0 0		￥ 1 2 4 3 0 0 0 0	

会计主管 赵芳　　　记账 高婷　　　出纳　　　审核 赵芳　　　制单 高婷

图1-33　转账凭证（审核用）

实训指导　参照本项目知识准备中"记账凭证审核的内容"进行审核。

项 目 总 结

1. 知识准备

原始凭证及记账凭证审核的意义；原始凭证及记账凭证审核的内容。

2. 项目实训

会计凭证的审核包括原始凭证的审核（现金支票、增值税专用发票的审核）和记账凭证的审核（收款凭证、相互划转业务记账凭证、转账凭证的审核）。

项目四　日记账的设置和登记

项目描述

本项目介绍会计账簿的分类、会计账簿的登记规则，引导学生掌握现金日记账、银行存款日记账的设置和登账方法。

学习目标

1. 知识目标

1）明确会计账簿的分类。

2）明确会计账簿的登记规则。

2. 能力目标

掌握现金日记账、银行存款日记账的设置和登记方法。

3. 情感目标

树立坚定的学习信念，培养精益求精、持之以恒、爱岗敬业、不断创新的工匠精神，勤学苦练，储藏知识、储备技能，力争成为技能突出的有用人才。

情智故事

大国工匠：潍柴动力首席技师王树军 | 精益求精，自主创新

王树军是潍柴动力股份有限公司（以下简称潍柴动力）首席技师。作为一个普通维修工，他勇敢地闯进国外高精尖设备维修的禁区，突破技术封锁，大胆改造进口生产线核心部件的设计缺陷，生产出我国自主研发的大功率低能耗发动机，让中国在重型柴油机领域和世界强者站在了同一条水平线。

王树军有两项高超的技能：一是擅长自动化设备的定制化设计及自主研发制造；二是精通各类数控加工中心和精密机床的维修。在某品牌加工中心调试过程中，废品率高达10%，外国专家一筹莫展。王树军根据非对称铸造件内应力缓释原理，结合实际、大胆创新，在原设计基础上加装夹紧力自平衡机构，将废品率成功控制在0.1%之内，为中国工人赢得了尊重。

王树军始终将对企业的忠诚放在个人事业发展的首位。在20年前潍柴动力濒临破产的时期，他信念坚定，毫不动摇。在成名之后，山东电视台等省市媒体对他进行了大量宣传，面对很多企业的高薪聘请，他也不为所动。甚至连单位领导多次想让他从事管理工作，他都婉言谢绝。他常说的一句话就是"不忘初心、牢记职责，干好工作、心中快乐"。作为目前潍坊市唯一的"齐鲁大工匠"，他走出潍柴动力，通过言传身教，在社会上大力弘扬工匠精神。潍坊科技学院、潍柴大学聘请他为客座教授，并为他建立了工作室，定期为学生授课，每年培训学生2 000多人次，影响和带动了大批青年人工作技能和价值观的提升和进步。

思想感悟　王树军是维修工，也是设计师，更像是永不屈服的斗士，凭借精益求精、持之以恒、爱岗敬业、不断创新的工匠精神，为广大职工树立了一个正直进取、勤学实干、技能突出的榜样形象。他是千千万万坚守一线岗位，默默奉献的工匠的缩影，他们正在为中国制造业自主创新、迈向高端不懈奋斗。中国工匠的风骨在他身上体现得淋漓尽致，这也是作为会计人员应当学习的。只有在日常会计工作中秉持"精益求精"的工作态度，才能编好每一张凭证、每一张报表，提供可靠、完整的会计信息。

知识准备

一、账簿的概念和分类

（一）账簿的概念

账簿是指由一定格式账页组成的，以经过审核的会计凭证为依据，全面、系统、连续地记录和反映各项经济业务的簿籍。

（二）账簿的分类

1. 账簿按用途分类

账簿按其用途不同，可分为日记账簿、分类账簿和备查账簿三种。

（1）日记账簿　日记账簿，也称序时账，是按照经济业务发生或完成时间的先后顺序，逐日逐笔登记的账簿。日记账簿按其记录的内容不同，又分为普通日记账和特种日记账两种。

1）普通日记账。普通日记账是用来登记全部经济业务发生情况的日记账。

2）特种日记账。特种日记账是只把重要的项目按经济业务发生的先后顺序记入，反映某个特定项目的详细情况的日记账。

需要强调的是，现金日记账和银行存款日记账是每个企业必须设置的，由出纳人员进行登记。

（2）分类账簿　分类账簿是对全部经济业务按照会计要素的具体类别而设置的分类账户进行分类登记的账簿，包括总分类账簿和明细分类账簿。

1）总分类账簿，也称总账，是根据总分类科目开设账户，用来分类登记全部经济业务总体核算资料的分类账簿。

2）明细分类账簿，也称明细账，通常是根据总账科目设置，按所属明细账科目开设账户，用来分类登记某一类经济业务，提供比较详细的核算资料的分类账簿。

（3）备查账簿　备查账簿，又称辅助账簿，是对某些未能在日记账簿和分类账簿中记录的或记录不全的经济业务进行补充登记的账簿。

例如，"租入固定资产登记簿""受托加工材料登记簿""代销商品登记簿"等均为备查账簿。备查账簿应根据核算工作的实际需要设置。

2. 账簿按账页格式和外形特征分类

账簿按账页格式可以分为四大类：两栏式账簿、三栏式账簿、多栏式账簿和数量金额式账簿。

账簿按外形特征可以分为订本式账簿、活页式账簿和卡片式账簿。

二、账簿的登记规则

为了保证账簿记录的准确、整洁，应当根据审核无误的会计凭证登记账簿。

1）登记账簿时，应当将会计凭证的日期、编号、业务内容摘要、金额和其他有关资料逐项记入账，做到数字准确、摘要清楚、登记及时、字迹工整。

2）账簿登记完毕后，要在记账凭证上签名或者盖章，并在记账凭证的"过账"栏内注明账簿页数或画钩等表明已经登账的符号，表示已经记账完毕，避免重记、漏记。

3）账簿中书写的文字和数字上面要留有适当的空格，不要写满格，一般应占格高的1/2。

4）为了保持账簿记录的持久性，防止涂改，登记纸质账簿必须使用蓝黑墨水或碳素墨水书写，不得使用圆珠笔（银行的复写账簿除外）或者铅笔书写。

5）在下列情况下，可以用红色墨水记账：

① 按照红字冲账的记账凭证中，冲销错误记录。

② 在不设借贷等栏的多栏式账页中，登记减少数。

③ 在三栏式账户的余额栏未印明余额方向的，登记负数余额。

④ 根据国家统一的会计制度的规定可以用红字登记的其他会计记录。

由于会计中的红字表示负数，因而除上述情况外，不得用红色墨水登记账簿。

6）在登记各种账簿时，应按页次顺序连续登记，不得隔页、跳行。如发生隔页、跳行现象，应在空页、空行处用红色墨水画对角线注销，或者注明"此页空白"或"此行空白"字样，并由记账人员签章。

7）凡需要结出余额的账户，结出余额后，应当在"借或贷"栏目内注明"借"或"贷"字样，以示余额的方向；对于没有余额的账户，应在"借或贷"

栏内写"平"字，并在"余额"栏用"□"表示。现金日记账和银行存款日记账必须逐日结出余额。

8）每一账页登记完毕结转下页时，应当结出本页合计数及余额，写在本页最后一行和下页第一行相关栏内，并在摘要栏内注明"过次页"和"承前页"字样；也可以将本页合计数及金额只写在下页第一行相关栏内，并在摘要栏内注明"承前页"字样，以保持账簿记录的连续性，便于对账和结账。

对需要结计本月发生额的账户，结计"过次页"的本页合计数应当为自本月初起至本页末止的发生额合计数；对需要结计本年累计发生额的账户，结计"过次页"的本页合计数应当为自年初起至本页末止的累计数；对既不需要结计本月发生额也不需要结计本年累计发生额的账户，可以只将每页末的余额结转次页。

项目实训

任务一　库存现金日记账的设置和登记

实训1-21　**库存现金日记账的设置与登记**

实训内容　济南飞宇电子有限公司2021年7月31日库存现金日记账余额800元。2021年8月份发生以下经济业务：

1）8月2日，销售A材料一批，开具增值税专用发票，不含税售价为500元，增值税税率为13%，共收取现金565元。

2）8月28日，到银行存入现金500元。

3）8月5日，销售科陆某持普通发票报销办公用品费120元，以现金付讫。

4）8月7日，从开户银行提取现金50 000元，备发工资。

5）8月7日，以现金发放工资50 000元。

6）8月12日，总经理齐某到财务科预支差旅费800元，以现金付讫。

7）8月18日，以现金支付采购B材料的运费共计140元，B材料尚未验收入库。

8）8月20日，总经理齐某出差回来报销差旅费760元，交回剩余现金40元。

实训资料　自备专用记账凭证（收款凭证三张、付款凭证五张，转账凭证一张）、库存现金日记账账页一张（见图1-34）。

实训要求　根据实训内容填制专用记账凭证，并据以登记库存现金日记账。

库存现金日记账

年		记账凭证		对方科目	摘　要	借　方									贷　方									√	余　额								
月	日	字	号			千	百	十	万	千	百	十	元	角	分	千	百	十	万	千	百	十	元	角	分		千	百	十	万	千	百	十	元	角	分

图1-34　库存现金日记账账页

实训指导

1）库存现金日记账是用来逐日反映库存现金的收入、支出及结余情况的特种日记账，由单位出纳人员根据审核无误的现金收、付款凭证和从银行提现的凭证逐日逐笔进行登记。为了确保账簿的安全、完整，库存现金日记账必须采用订本式账簿。

2）库存现金日记账通常由出纳人员根据审核后的现金收、付款凭证，逐日逐笔顺序登记。登记库存现金日记账的总体要求是：分工明确，专人负责，凭证齐全，内容完整，登记及时，账款相符，数字真实，表达准确，书写工整，摘要清楚，便于查阅，不重记，不漏记，不错记，按期结账；不拖延积压，按规定方法更正错账等。

3）库存现金日记账的登记方法：①日期栏，按照记账凭证的日期登记；②凭证栏，按照记账凭证的种类和编号登记，如果是现金收款凭证，就登记"现收"，如果是现金付款凭证，就登记"现付"，要把编号写在号数栏，以便查账和核对；③摘要栏，按照记账凭证所记录的摘要登记；④对方科目栏，为了方便查看每笔现金业务的来源和去向，要按照记账凭证所列的对方科目进行登记；⑤收入栏、支出栏，均按照记账凭证登记。

【提示】 每日终了，应分别计算现金的收入合计数和支出合计数，然后结出余额，同时要与实际库存现金进行核对，做到"日清日结"。到月度终了，同样应计算本月的现金收入合计数和支出合计数并结出余额。

任务二　银行存款日记账的设置和登记

实训1-22 银行存款日记账的设置和登记

实训内容　济南飞宇电子有限公司2021年8月31日银行存款日记账的余额为1 800 000元。2021年9月份发生以下经济业务：

1）9月3日，向利达公司销售甲产品，收到货款113 000元（增值税专用发票上载明价款100 000元，增值税税额13 000元）。

2）9月5日，以银行存款支付从汇源公司采购材料的货款45 200元（增值税专用发票上载明价款40 000元，增值税税额5 200元），原材料验收入库。

3）9月10日，从工商银行借入长期借款120 000元。

4）9月12日，以银行存款缴纳上月应交增值税15 000元。

5）9月15日，开出转账支票，支付前欠环球公司货款12 600元。

6）9月25日，收到普华公司偿还前欠货款14 000元的转账支票一张，将款项存入银行。

实训资料　自备专用记账凭证（收款凭证三张、付款凭证三张）、银行存款日记账账页一张（见图1-35）。

实训要求　根据实训内容填制专用记账凭证，并据以登记银行存款日记账。

银行存款日记账

| 开户行： |
| 账号： |

年		记账凭证		对方科目	摘要	结算凭证		借方	贷方	借或贷	余额
月	日	字	号			种类	号码	千百十万千百十元角分	千百十万千百十元角分		千百十万千百十元角分

图1-35　银行存款日记账账页

实训指导

1）银行存款日记账是专门用来记录银行存款收支业务的一种特种日记账。银行存款日记账是由出纳人员根据审核无误的银行存款收付凭证，按时间顺序逐笔登记的账簿。银行存款日记账必须采用订本式账簿，其账页格式一般采用"收入（借方）""支出（贷方）"和"余额"三栏式。

2）每日业务终了时，应计算、登记当日的银行存款收入合计数、银行存款支出合计数以及账面结余数额，以便检查监督各项收入和支出款项，定期同银行送来的对账单核对。

3）银行存款日记账的登记方法如下。①"日期"栏中填入的应为据以登记账簿的会计凭证上的日期，银行存款日记账一般依据记账凭证登记，因此，此处日期为编制该记账凭证的日期。不能填写原始凭证上记载的发生或完成该经济业务的日期，也不是实际登记该账簿的日期。②"记账凭证字号"栏中应填入据以登账的会计凭证类型及编号。例如，企业采用通用凭证格式，根据记账凭证登记现金日记账时，填入"记×号"；企业采用专用凭证格式，根据现金收款凭证登记现金日记账时，填入"现收×号"。③"摘要"栏简要说明入账的经济业务的内容，力求简明扼要。④"对方科目"栏应填入会计分录中"银行存款"科目的对方科目，用以反映银行存款增减变化的来龙去脉。在填写对方科目时，应注意以下三点：第一，对方科目只填总账科目，不需填明细科目；第二，当对方科目有多个时，应填入主要对方科目，如销售产品收到银行存款，则"银行存款"的对方科目有"主营业务收入"和"应交税费"，此时可在对方科目栏中填入"主营业务收入"，在借方金额栏中填入取得的银行存款总额，而不能将一笔银行存款增加业务拆分成两个对方科目金额填入两行；第三，当对方科目有多个且不能从科目上划分出主次时，可在对方科目栏中填入其中金额较大的科目，并在其后加上"等"字。⑤"借方（金额）"栏、"贷方（金额）"栏应根据相关凭证中记录的"银行存款"科目的借贷方向及金额登记。⑥"余额"栏应根据"本行余额=上行余额+本行借方−本行贷方"公式计算填入。

微课1-6　日记账的
设置和登记

项　目　总　结

1. 知识准备

会计账簿的分类；会计账簿的登记规则。

2. 项目实训

日记账的设置和登记包括库存现金日记账的设置和登记和银行存款日记账的设置和登记。

项目五　分类账的设置和登记

项目描述

初步认知并掌握明细分类账、总分类账的设置和登账方法。

学习目标

1. 知识目标

1）明确总分类账、明细分类账的账页格式及适用范围。

2）明确总分类账、明细分类账的设置和登记方法。

2. 能力目标

1）掌握总分类账和明细分类账的平行登记方法。

2）掌握有关多栏式明细分类账的登记方法。

3. 情感目标

培养严谨细致的工作态度，树立谦虚谨慎的学习心态，将自己手中的事情做精做细，做出成绩。

情智故事

化学家追苍蝇｜求知之道：严谨

罗伯特·威廉·本生是19世纪德国著名的化学家。他自1831年于哥廷根大学毕业后，从事研究和教学达五十多年之久。他的研究范围涉及电化学、物理化学、分析化学、光化学等方面，在光化学方面贡献较大，还创制了本生灯等。他在科学上的出色成就，是与他严肃认真、一丝不苟的科学态度分不开的。

有一天，罗伯特·威廉·本生在阳光下晒滤纸，纸上有铍的沉淀物。中途他走开了一会儿，一只苍蝇突然飞到滤纸上，贪婪地吮吸那有甜味的沉淀物。本生回来见到这一幕大吃一惊，猛地扑上去捕捉，苍蝇却飞走了。他又是追，又是喊，惊动和吸引了好几个小学生一同来追赶，终于把苍蝇捉住了。本生非常高兴，把已经捏死的苍蝇放进了白金坩埚，将它焚化、蒸发，最后化验、称重，确定了被苍蝇吸走的沉淀物折算成氧化铍是1.01毫克。他把这1.01毫克的重量又加到沉淀物的总数中，最后得出了极其精确的关于元素铍的分析结果。

思想感悟　严谨细致是一种工作态度，是一种工作作风。严谨需要有扎实的知识基础，只有这样才能将严谨无时无刻融入自己的学习和工作中。粗心和错误在某种程度上暴露了知识储备的不足。我们要将严谨变成一种习惯，始终保持谦虚谨慎的学习心态，在学习和工作中及时发现并改正错误。俗话说："复杂的事情要简单地做。简单的事情要认真地做。认真的事情要重复地做。重复的事情要有创造性地做。"我们要从一件一件具体的工作做起，从最简单、最平凡、最普通的事情做起，特别注重把自己工作岗位上的事情做精做细，做得出彩，做出成绩。

会计人员每天面对的是数据以及票据处理，而且必须要准确，很多时候是没有修改的机会，即不能给自己犯错的机会。所以，财务人员首先要做到的就是严谨、细致、细心。

知识准备

一、总分类账的设置和登记方法

总分类账是根据总分类科目开设账户，用来登记全部经济业务，进行总分类核算，提供总括核算资料的分类账簿，又称"总分类账薄"，简称"总账"。总分类账所提供的核算资料，是编制财务报表的主要依据，任何单位都必须设置总分类账。

总分类账一般采用订本式账簿。总分类账的账页格式，一般采用"借方""贷方"和"余额"三栏式。

总分类账的登记依据和方法主要取决于所采用的会计核算形式。它可以直接根据各种记账凭证逐笔登记，也可以先把记账凭证按照一定方式进行汇总，编制成科目汇总表或汇总记账凭证等，据以登记。总分类账账页格式如图1-36所示。

总 分 类 账

科目名称_____

年		凭 证		摘 要	借 方	贷 方	借或贷	余 额
月	日	种类	号数		千百十万千百十元角分	千百十万千百十元角分		千百十万千百十元角分

图1-36　总分类账账页

二、明细分类账的设置与登记方法

明细分类账也称明细账，是指按明细分类账户进行分类登记的账簿，是对总分类账进行的补充反映。明细分类账能分类详细地反映和记录资产、负债、所有者权益、费用、收入和利润的各种资料，也为编制财务报表提供一定的依据。

明细账的格式应根据各单位经营业务的特点和管理需要来确定，常用的格式主要有以下4种。

1. "金额三栏式"明细分类账

"金额三栏式"明细分类账的账页格式同总分类账的格式基本相同，它只设"借方""贷方"和"余额"三个金额栏。其适用于登记"应收账款""应付账款"等只需进行金额核算的账户。

"金额三栏式"明细分类账（以应收账款明细账为例）账页如图1-37所示。

第____页
二级科目或明细科目

应收账款 明细账

年		凭证		摘要	借方										贷方										借或贷	余额									
月	日	种类	号数		千	百	十	万	千	百	十	元	角	分	千	百	十	万	千	百	十	元	角	分		千	百	十	万	千	百	十	元	角	分

图1-37 "金额三栏式"明细分类账账页

2. "数量金额式"明细分类账

"数量金额式"明细分类账的账页，其基本结构为"收入""发出"和"结存"三栏，在这些栏内再分别设有"数量""单价""金额"等项目，以分别登记实物的数量和金额。

这种格式的明细分类账适用于既要进行金额明细核算，又要进行数量明细核算的财产物资项目，如"原材料""产成品"等账户的明细核算。它能提供各种财产物资收入、发出、结存等的数量和金额资料，便于开展业务和加强管理的需要。

"数量金额式"明细分类账（以原材料明细账为例）账页如图1-38所示。

图1-38 "数量金额式"明细分类账账页

3. "多栏式"明细分类账

"多栏式"明细分类账的格式视管理需要而呈多种多样，它在一张账页上，按照明细科目分设若干专栏，集中反映有关明细项目的核算资料。按照明细分类账登记的经济业务不同，多栏式明细分类账账页又分为借方多栏、贷方多栏和借贷方均多栏三种格式。

多栏式明细分类账适用于那些要求对金额进行分析的有关成本费用、收入成果类科目的明细分类核算，例如对"主营业务收入""管理费用""销售费用""生产成本"等总账科目的明细核算，可采用多栏式明细分类账。

1）借方多栏式明细分类账的账页格式是用于借方需要设多个明细科目或明细项目的账户，如"材料采购""生产成本""制造费用""管理费用"和"营业外支出"等的明细分类核算。"生产成本明细账"只设一栏借方，下按成本设置专栏，贷方发生额用红字在有关专栏内登记。

2）贷方多栏式明细分类账的账页格式适用于贷方需要设多个明细科目或明细项目的账户，如"主营业务收入"和"营业外收入"等的明细分类核算。

3）借贷方多栏式明细分类账的账页格式适用于借方和贷方均需要设多个明细科目或明细项目的账户，如"本年利润"的明细分类核算。

"多栏式"明细分类账（以生产成本明细账为例）账页如图1-39所示。

总第 ___ 页　分第 ___ 页
级科目编号及名称 ___
级科目编号及名称 ___

生 产 成 本 明 细 账

年		凭证		摘要	借方	贷方	借或贷	余额	（借）方金额分析		
月	日	种类	号数		百十万千百十元角分	百十万千百十元角分		百十万千百十元角分	直接材料 百十万千百十元角分	直接人工 百十万千百十元角分	制造费用 百十万千百十元角分

图1-39 "多栏式"明细分类账账页

4. "横线登记式"明细分类账

"横线登记式"明细分类账是在账页的同一行内，逐笔逐项登记每笔经济业务的"借方"和与其相对应的"贷方"的明细分类账。其适用于材料采购业务的付款和收料，备用金业务的支出、报销与收回等情况。

"横线登记式"明细分类账（以"其他应收款——备用金明细账"为例）账页如图1-40所示。

其他应收款 —— 备用金明细账

年		凭证		摘 要	户名	借方（借支）	贷方（报销、收回）					备注
月	日	字	号				年		凭证			
							月	日	字	号	报销金额	收回金额	

图1-40 "横线登记式"明细分类账账页

明细分类账通常有三种登记方法：①根据原始凭证直接登记明细分类账；②根据汇总原始凭证登记明细分类账；③根据记账凭证登记明细分类账。

三、总分类账与明细分类账的平行登记

总分类账与明细分类账的平行登记，是指经济业务发生后，应根据有关会计凭证（包括原始凭证和记账凭证），一方面登记有关的总分类账户，另一方面登记该总分类账户所属的各有关明细分类账户的过程。平行登记的要点可概括为以下四点。

（1）依据相同　以相关会计凭证为依据，既登记有关总分类账户，又登记该总分类账户所属的明细分类账户。

（2）方向相同　即将经济业务记入某一总分类账户及其所属的明细分类账户时，必须记在相同方向，即总分类账户记借方，其所属明细分类账户也记借方；相反，总分类账户记贷方，其所属明细分类账户也记贷方。

（3）期间相同　即对发生的每一笔经济业务，根据会计凭证一方面在有关的总分类账户中进行登记，另一方面要在同一会计期间记入该总分类账户所属的明细分类账户（没有明细分类账户的除外）。

（4）金额相等　记入总分类账户的金额与记入其所属明细分类账户的金额之和必须相等。

总分类账户和明细分类账户平行登记的结果，应该达到以下四项相符：①总分类账户的期初余额，应与其所属各个明细分类账户的期初余额之和相符；②总分类账户的本期借方发生额合计数，应与其所属的各个明细分类账户的本期借方发生额合计数之和相符；③总分类账户的本期贷方发生额合计数，应与其所属的各个明细分类账户的本期贷方发生额合计数之和相符；④总分类账户的期末余额，应与其所属的各个明细分类账户的期末余额之和相符。

项目实训

任务一　总分类账与明细分类账的平行登记

实训1-23　总分类账与明细分类账的平行登记

实训内容　虹宇工厂为增值税一般纳税人，2021年8月31原材料和应付账款账

户期初余额见表1-1。

表1-1　原材料和应付账款账户期初余额表

账户名称		数量	计量单位	单价（元）	金额（元）	
总账	明细账				总账	明细账
原材料					180 000	
	甲材料	4 000	千克	30		120 000
	乙材料	1 000	千克	60		60 000
应付账款					79 000	
	红旗工厂					40 000
	兴华工厂					30 000
	通达工厂					9 000

2021年9月，虹宇工厂发生以下相关业务。

1）9月10日，向红旗工厂购入甲材料6 000千克，取增值税专用发票上注明价款180 000元，增值税23 400元；购入丙材料30吨，值税专用发票上注明价款30 000元，增值税税额3 900元。材料验收入库，货款尚未支付。

2）9月16日，向通达工厂购入乙材料2 000千克，取增值税专用发票上注明价款120 000元，增值税税额15 600元。材料验收入库，货款尚未支付。

3）9月18日，以银行存款偿还前欠兴华工厂的货款30 000元。

4）9月25日，仓库发出材料（见表1-2），投入A产品生产。

表1-2　发出材料汇总表

材料名称	数量	计量单位	单价（元）	金额（元）
甲材料	8 000	千克	30	240 000
乙材料	2 600	千克	60	156 000
丙材料	20	吨	1 000	20 000
合计				416 000

实训资料　通用记账凭证4张（见图1-41、图1-42、图1-43、图1-44），"数量金额式"明细分类账账页3张（见图1-45、图1-46、图1-47），"金额三栏式"明细分类账账页3张（见图1-48、图1-49、图1-50），总分类账账页2张（见图1-51、图1-52）。

记 账 凭 证

年 月 日 记字第 号

摘要	总账科目	明细科目	记账√	借方金额										记账√	贷方金额										附单据张
				千	百	十	万	千	百	十	元	角	分		千	百	十	万	千	百	十	元	角	分	
合 计																									

会计主管　　　　记账　　　　出纳　　　　审核　　　　制单

图1-41 通用记账凭证（1）

记 账 凭 证

年 月 日 记字第 号

摘要	总账科目	明细科目	记账√	借方金额										记账√	贷方金额										附单据张
				千	百	十	万	千	百	十	元	角	分		千	百	十	万	千	百	十	元	角	分	
合 计																									

会计主管　　　　记账　　　　出纳　　　　审核　　　　制单

图1-42 通用记账凭证（2）

记 账 凭 证

年 月 日 记字第 号

摘要	总账科目	明细科目	记账√	借方金额										记账√	贷方金额										附单据张
				千	百	十	万	千	百	十	元	角	分		千	百	十	万	千	百	十	元	角	分	
合 计																									

会计主管　　　　记账　　　　出纳　　　　审核　　　　制单

图1-43 通用记账凭证（3）

记 账 凭 证

年　月　日　　　　　　　　　　　　记字第　　　号

摘要	总账科目	明细科目	记账√	借方金额										记账√	贷方金额										附单据
				千	百	十	万	千	百	十	元	角	分		千	百	十	万	千	百	十	元	角	分	
																									张
合　计																									

会计主管　　　　　记账　　　　　出纳　　　　　审核　　　　　制单

图1-44　通用记账凭证（4）

第___页　　　　　　　　　　　　　　　明细账

规　格 _____　编　号 _____　储备定额 _____　类　别 _____　最高储存量 _____
名　称 _____　计量单位 _____　计划单位 _____　存放地点 _____　最低储存量 _____

年		凭证		摘要	收入											发出											结存										
月	日	种类	号数		数量	单价	金额										数量	单价	金额									数量	单价	金额								
							千	百	十	万	千	百	十	元	角	分			千	百	十	万	千	百	十	元	角	分			千	百	十	万	千	百	十	元	角	分

图1-45　"数量金额式"明细分类账账页（1）

第___页　　　　　　　　　　　　　　　明细账

规　格 _____　编　号 _____　储备定额 _____　类　别 _____　最高储存量 _____
名　称 _____　计量单位 _____　计划单位 _____　存放地点 _____　最低储存量 _____

年		凭证		摘要	收入											发出											结存										
月	日	种类	号数		数量	单价	金额										数量	单价	金额									数量	单价	金额								
							千	百	十	万	千	百	十	元	角	分			千	百	十	万	千	百	十	元	角	分			千	百	十	万	千	百	十	元	角	分

图1-46　"数量金额式"明细分类账账页（2）

明细账

第＿＿＿页

| 规　格 _____ | 编　号 _____ | 储备定额 _____ | 类　别 _____ | 最高储存量 _____ |
| 名　称 _____ | 计量单位 _____ | 计划单位 _____ | 存放地点 _____ | 最低储存量 _____ |

年		凭证		摘要	收　入										发　出										结　存									
月	日	种类	号数		数量	单价	金　额									数量	单价	金　额								数量	单价	金　额							
							千	百	十	万	千	百	十	元	角	分			千	百	十	万	千	百	十	元	角	分			千	百	十	万	千	百	十	元	角	分

图1-47　"数量金额式"明细分类账账页（3）

明细账

第＿＿＿页

二级科目或明细科目

年		凭证		摘要	借　方										贷　方										借或贷	余　额									
月	日	种类	号数		千	百	十	万	千	百	十	元	角	分	千	百	十	万	千	百	十	元	角	分		千	百	十	万	千	百	十	元	角	分

图1-48　"金额三栏式"明细分类账账页（1）

明细账

第____页
二级科目或明细科目_____

年		凭证		摘　要	借　方										贷　方										借或贷	余　额									
月	日	种类	号数		千	百	十	万	千	百	十	元	角	分	千	百	十	万	千	百	十	元	角	分		千	百	十	万	千	百	十	元	角	分

图1-49　"金额三栏式"明细分类账账页（2）

明细账

第____页
二级科目或明细科目_____

年		凭证		摘　要	借　方										贷　方										借或贷	余　额									
月	日	种类	号数		千	百	十	万	千	百	十	元	角	分	千	百	十	万	千	百	十	元	角	分		千	百	十	万	千	百	十	元	角	分

图1-50　"金额三栏式"明细分类账账页（3）

总 分 类 账

科目名称

年		凭证		摘要	借方									贷方									借或贷	余额								
月	日	种类	号数		千	百	十	万	千	百	十	元	角	分	千	百	十	万	千	百	十	元	角	分		千	百	十	万	千	百	十	元	角	分

图1-51　总分类账账页（1）

总 分 类 账

科目名称

年		凭证		摘要	借方									贷方									借或贷	余额								
月	日	种类	号数		千	百	十	万	千	百	十	元	角	分	千	百	十	万	千	百	十	元	角	分		千	百	十	万	千	百	十	元	角	分

图1-52　总分类账账页（2）

实训要求

1）根据所发生的经济业务填制通用记账凭证，并审核所填制的记账凭证。

2）根据审核无误的记账凭证，逐笔登记"原材料""应付账款"明细分类账和总分类账（其他账户的登记略）。

实训指导

1）根据账户期初余额表（见表1-1）登记相关账户总分类账户及其明细分类账户的期初余额。

2）根据业务1）到业务4）填制通用记账凭证，并予以审核。

3）根据审核无误的通用记账凭证逐笔登记相关账户总分类账及其明细分类账的本期发生额。

4）月末结账。

微课1-7　总分类账与明细账的平行登记（一）

微课1-8　总分类账与明细账的平行登记（二）

微课1-9　总分类账与明细账的平行登记（三）

微课1-10　总分类账与明细账的平行登记（四）

任务二　多栏式明细分类账的登记

实训1-24　多栏式明细分类账的登记

实训内容　海源饮料有限公司为增值税一般纳税人，2021年9月30日，其"应交税费——应交增值税"明细分类账户、"制造费用"明细分类账户、"生产成本"明细分类账户期末余额均为0，"库存商品——西番莲果汁"明细分类户期末结存数量1 000箱，每箱单位成本110元。

2021年10月，海源饮料有限公司发生以下相关业务：

1）10月5日，向滕州市南沙河永兴饮料厂购入西番莲粉固体饮料原料1 000包，每包59元，取增值税专用发票上注明价款59 000元，增值税税额7 670元；材料验收入库，价税款用银行存款支付。

2）10月6日，向广州市五丰行贸易有限公司工厂购入白砂糖100袋，每袋380元，取得增值税专用发票上注明价款38 000元，增值税税额4 940元。材料验收入库，价税款用银行存款支付。

3）10月10日，仓库发出材料（见表1-3），投入西番莲果汁生产。

表1-3　发出材料汇总表（2）

材料名称	数量	计量单位	单价（元）	金额（元）
西番莲粉固体饮料原料	800	包	59	47 200
白砂糖	50	袋	380	19 000
合计				66 200

4）10月15日，向日照利华有限公司销售西番莲果汁900箱，每箱单价210元，开出增值税专用发票，价款189 000元，增值税税率13%，增值税税额24 570元，收到日照利华有限公司开出的金额为213 570元转账支票一张。

5）10月25日，用银行存款支付电费1 200元，其中，管理部门负担200元，生产车间负担1 000元（注：生产车间负担的电费先统一计入"制造费用"账户）。

6）10月30日，在财产清查中发现2袋白砂糖变质，单位成本为每袋380元（进项税额已抵扣）。经查变质原因为企业管理不善造成，经批准计入管理费用。

7）10月31日，计提固定资产折旧费2 100元，其中管理部门固定资产折旧费600元，生产车间固定资产折旧费1 500元。

8）10月31日，分配本月应付职工工资50 000元，其中应付管理部门人员工资10 000元，应付生产车间管理人员工资10 000元，应付生产工人工资30 000元。

9）结转本月发生的制造费用。

10）本月所产1 000箱西番莲果汁全部完工，计算并结转完工产品成本。

实训资料　通用记账凭证11张（自备），"应交税费——应交增值税"明细分类账账页、"制造费用"明细分类账账页、"生产成本"明细分类账账页各1张（见图1-53、图1-54、图1-55）、产品成本计算单1张（见图1-56）。

应交税费——应交增值税明细账

年		凭证号数	摘要	借　方							贷　方					余额
月	日			借方合计	进项税额	销项税额抵减	已交税金	减免税款	出口抵减内销产品应纳税额	转出未交增值税	贷方合计	销项税额	出口退税	进项税额转出	转出多交增值税	

图1-53 "应交税费——应交增值税"明细分类账账页

制 造 费 用 明 细 账

科目及明细

年		凭证		摘要	借方发生额	借　方　金　额　分　析			
月	日	字	号			机物料消耗	职工薪酬	水电费	折旧费

图1-54 "制造费用"明细分类账账页

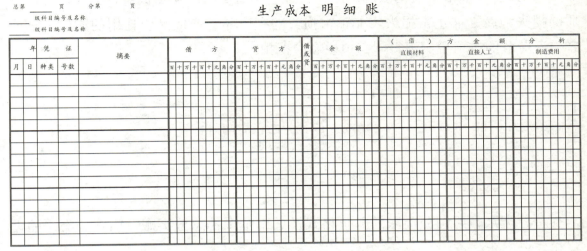

图1-55　"生产成本"明细分类账账页

产品成本计算单

摘要	直接材料	直接人工	制造费用	合计
月初在产品成本				
本月发生费用				
月末在产品成本				
完工产品成本				
完工产品单位成本				

编制：　　　　　　　　　　　　　　　　审核：

图1-56　产品成本计算单

实训要求

1）根据所发生的经济业务填制通用记账凭证，并审核所填制的记账凭证。

2）根据审核无误的记账凭证逐笔登记"应交税费——应交增值税"明细分类账、"制造费用"明细分类账、"生产成本"明细分类账（其他有关账户的登记略）。

实训指导

1）根据业务1）到业务10），填制通用记账凭证，并予以审核。

2）根据审核无误的通用记账凭证逐笔登记"应交税费——应交增值税"明细分类账、"制造费用"明细分类账、"生产成本"明细分类账，登账时注意观察各有关"多栏式"明细分类账户的栏目名称，并根据经济业务实质准确合理地将其登记到多栏式账户的相应栏目下。

3）提示：根据我国税法规定，因管理不善造成财产物资被盗、丢失、霉烂变质的损失，属于非正常损失，非正常损失的在产品、产成品所耗用的购进货物或者应税劳务的进项税额不得从销项税额中抵扣。

项 目 总 结

1. 知识准备

总分类账、明细分类账的账页格式及适用范围；总分类账、明细分类账的设置和登记方法。

2. 项目实训

分类账的登记包括总分类账和明细分类账的平行登记以及"多栏式"明细分类账的登记。

模块二
企业主要经济业务的核算模拟实训

模块简介

　　会计核算和监督的对象是企事业单位经济活动中可以用货币计量的业务，即资金运动。制造业企业资金的运动包括资金的筹集、循环、周转及资金的退出，其中资金的周转过程与企业的日常生产经营过程融为一体。企业的日常生产经营活动可以分为供应过程（采购过程）、生产过程和销售过程。资金的周转过程就是资金不断地从货币资金转化为储备资金、再转化为生产资金、成品资金，最后再转化为货币资金，从而实现利润并为投资者带来回报的过程。

　　具体而言，制造业企业的资金循环周转过程如下：

　　1）采购过程：货币资金转化为原材料。

　　2）生产过程：原材料转化为半成品、然后逐步加工为产成品（库存商品）。

　　3）销售过程：库存商品转化为货币资金。

　　本模块项目一主要引导学生掌握资金筹集业务、物资采购业务、产品生产业务、产品销售业务、利润形成和分配业务、财产清查业务的核算方法和核算技能。

　　本模块项目二主要引导学生掌握资产负债表和利润表的编制方法和技能。

　　通过本模块两个项目的业务模拟实训，使学生全面、系统地掌握企业在一个会计循环中，即填制凭证、登记账簿和编制财务报表的过程中应具备的基本操作技能和技巧。

项目一　企业日常经济业务的核算

项目描述

　　本项目模拟实训以某中型工业企业为背景，以典型业务为主线，设计了从建账到日常会计核算、计算产品成本、财产清查、计算净利润并进行利润分配全过程的会计资料，突出了综合性、完整性、实用性的特点。本项目共有六个任务：任务一，资金筹集业务的核算；任务二，物资采购业务的核算；任务三，产品生产业务的核算；任务四，产品销售业务的核算；任务五，财产清查业务的核算；任务六，利润形成和分配业务的核算。

　　通过六个任务的驱动，使学生不仅能够掌握填制和审核原始凭证及记账凭证、登记账簿、成本计算、财产清查等会计工作的技能和方法，而且能够在操作过程中熟知企业所发生经济业务的类型、内容，体验会计人员的具体工作情境。

学习目标

1. 知识目标

　　1）了解筹集资金的渠道及核算内容，掌握接受投资人投资、向债权人借款业务的核算方法。

　　2）了解物资采购业务的核算内容，掌握采购物资成本的确定方法以及不同情况下采购的核算方法。

　　3）了解成本核算的一般程序、账户设置，能够区分生产费用和期间费用，掌握固定资产折旧的计算方法，掌握材料、人工、制造费用的分配方法，掌握约当产量法。

　　4）了解产品销售业务的核算内容，掌握销售产品、销售材料、结转已销售产品和材料的成本以及应交税费的核算方法。

　　5）了解财产清查的内容、分类、步骤，掌握库存现金、银行存款等财产物资清查的核算步骤及方法。

6）了解利润形成的内容及利润分配的步骤，掌握营业外收支等损益类账户、应交所得税、净利润及利润分配的核算方法。

2. 能力目标

1）能够准确开设日记账、明细账、总账并登记期初余额。

2）认知资金筹集、物资采购、产品生产、产品销售、财产清查、利润形成及分配业务所涉及的原始凭证并能够填制相关原始凭证及记账凭证。

3）能够根据填制无误的原始凭证和记账凭证准确登记日记账、明细账。

4）能够根据记账凭证编制科目汇总表。

5）能够根据科目汇总表登记总账。

3. 情感目标

培养学生在学习中遇到困难时积极寻求克服困难的方法，通过克服困难，提升能力，创造自己的价值的精神。

知识准备

一、资金筹集业务核算的内容及设置的主要账户

企业所发生的经营活动是从资金筹集业务开始的，而资金筹集的来源主要有两种途径：一是所有者权益筹资，包括投资者的投资及其增值；二是负债筹资，主要包括企业向债权人借入的资金和结算形成的负债资金等。资金筹集业务核算的主要内容有收到投资、借入借款等。

为了进行资金筹集业务的核算，企业应设置"实收资本"账户、"库存现金"账户、"银行存款"账户、"应交税费"账户、"短期借款"账户和"长期借款"账户等。

二、物资采购业务核算的内容及设置的主要账户

采购过程是生产经营过程的第一阶段，主要任务是进行物资采购，以储备生产需要的各种材料物资。物资采购业务核算的主要内容是购入物资、与供货单位办理价款结算、确定外购物资的采购成本、将物资验收入库形成物资储备。

为了进行物资采购业务的核算，企业应设置的主要账户有"在途物资""原材料""应付账款""应交税费"等。

三、产品生产业务核算的内容及设置的主要账户

工业企业的基本任务是生产社会需要的产品，满足社会需要的同时实现自身的盈利，产品的生产过程是企业生产经营过程的中心环节。为了生产产品，必然要发生各种耗费，如材料的耗费、固定资产的损耗、支付的职工薪酬和其他费用等，这些生产耗费最终应归集分配到各种产品中去，构成产品的生产成本。对于生产经营过程中发生的与产品生产无直接关系的各项费用，如管理费用、财务费用等，应当直接计入当期损益，不计入产品的生产成本。因此，生产过程核算的主要内容是归集和分配各项费用，计算产品的生产成本。

为了进行产品生产业务的核算，企业应设置"生产成本"账户、"制造费用"账户、"管理费用"账户、"财务费用"账户、"销售费用"账户等。

四、产品销售业务核算的内容及设置的主要账户

销售是指以出售等方式向第三方提供产品或服务的行为，是实现企业生产成果的活动，这一活动的主要任务是将企业生产的产品对外销售，实现收入。产品销售业务核算的主要内容是销售产品、支付销售过程中的相关费用、结转销售成本、计算增值税和附加税。

为了进行产品销售业务的核算，企业应设置的主要账户有"主营业务收入""其他业务收入""销售费用""应收账款""应交税费""主营业务成本""其他业务成本""税金及附加"等。

五、财产清查业务的基本介绍

财产清查是指企业对各项财产物资进行实物盘点、账面核对以及对各项往来款项进行查询、核对，以保证账账相符、账实相符的一种专门方法。通过财产清查，可以查明各项财产物资、债权债务、所有者权益的实际情况，加强物资管理，监督财产是否完整，并为正确核算损益提供相关资料。

（一）财产清查的分类

财产清查可以按不同的标准进行分类。按被清查的对象和范围，可以分为全面清查和局部清查；按清查的时间，可以分为定期清查和不定期清查。

1. 全面清查

全面清查是对属于本单位或存放在本单位的全部财产物资进行的清查。需

要进行全面清查的情况主要有：年终决算之前；单位撤销、合并或改变隶属关系前；中外合资、国内合资前；企业股份制改制前；开展全面的资产评估、清产核资前；单位主要领导调离工作前等。

2. 局部清查

局部清查是指根据需要对部分财产物资进行盘点与核对。局部清查主要针对流动性较强的资产，其中，库存现金应每日清点一次，银行存款每月至少同银行核对一次，债权债务每年至少核对一至两次，各项存货应有计划、有重点地抽查，贵重物品每月清查一次等。

3. 定期清查

定期清查一般在期末进行，它可以是全面清查，也可以是局部清查。

4. 不定期清查

不定期清查一般是局部清查，例如：

1）更换出纳员时，对库存现金、银行存款所进行的清查。

2）更换仓库保管员时，对其所保管的财产进行的清查。

3）发生自然灾害或意外时为了查明情况、分清责任而进行的清查等。

（二）财产清查的内容

财产清查不仅包括实物的清点，也包括各种债权、债务等往来款项的查询核对。另外，财产清查的范围不仅包括存放于本企业的各项财产物资，也包括属于但未存放于本企业的财产物资（还可以包括存放但不属于本企业的财产物资）。财产清查的具体内容主要包括：

1）货币资金的清查，包括现金、银行存款、其他货币资金的清查。

2）存货的清查，包括各种材料、在产品、半成品、库存商品等的清查。

3）固定资产的清查，包括房屋、建筑物、机器设备、工器具、运输工具等的清查。

4）在建工程的清查，包括自营工程和出包工程的清查。

5）金融资产投资的清查，包括交易性金融资产、长期股权投资等的清查。

6）无形资产和其他资产的清查。

7）应收、应付款项的清查，包括应收账款、其他应收款、应付账款和其他应付款等的清查。

（三）财产清查的结果

财产清查的结果有以下三种情况：

1）实存数大于账存数，即盘盈。

2）实存数小于账存数，即盘亏。

3）实存数等于账存数，即账实相符。

财产清查结果的处理一般指的是对账实不符——盘盈、盘亏情况的处理。但账实相符情况下如财产物资发生的变质、霉烂及毁损，也是其处理的对象。

六、利润形成和分配业务核算的内容及设置的主要账户

利润的形成是生产经营过程的最后阶段，体现了企业在一定会计期间的经营成果。利润的金额取决于收入、费用以及直接计入当期利润的利得和损失金额的计量。利润形成业务核算的主要内容是直接计入当期利润的利得和损失、损益类账户的结转等。

为了进行利润形成业务的核算，企业应设置的主要账户有"主营业务收入""主营业务成本""营业外收入""营业外支出""本年利润"等。企业利润分配的对象是企业缴纳所得税后的净利润，这些利润是企业的权益，企业有权自主分配。为了进行利润分配业务的核算，企业应设置的主要账户有"所得税费用""利润分配""盈余公积"等。

情智故事

自己的责任 | 不找借口

在一所治学严谨的学校，流传过这样一则故事。

一向为大家所爱戴的教务长有一次问一个学生，为什么他没有把指定的功课做好？那个学生的回答是："我觉得不太舒服。"教务长于是对他说："先生，我想有一天你也许会发现，世界上大部分的事情，都是觉得不太舒服的人做出来的。"

这段轶事是故事中的学生后来自己在一个场合中所透露的，他说："我常想到教务长说的这句话，这句话的确反映了许多的事实。"

思想感悟 成功就是在不断地克服困难，并在困难中创造自己的价值。有心人会在困境中找出路，而无心的人只会在众多的机会中找借口。在会计人员的职业生涯中，需要随时适应经济社会的新发展，更新专业知识，并考取相应的专业

资格证书。会计是一份"活到老，学到老"的职业。只有不断克服工作和学习中的各种困难，才能获得职业发展。

项目实训

企业主要经济业务的核算模拟实训——日常经济业务处理

■　业务背景

一、公司基本情况

1. 公司注册资料

1）公司注册名称：济南新星电子科技有限公司

2）公司注册地址：济南市高新区天辰路150号　　电话：0531-88×××68

3）公司注册资本和法人代表：公司由济南泰达电子科技有限公司和李建国个人投资成立，公司总注册资本为2 000万元。公司法定代表人为李建国，总经理为高树军。

4）公司经营范围：主要从事手机的生产和销售。主要生产并销售手机R1、手机R2两种产品。

2. 公司账户资料

1）基本存款账户：中国工商银行舜华路支行　账号：1602024654546447356

行号：102161000197

开户行地址：济南市高新区舜华路286号

2）一般存款账户：中国农业银行高新区支行　账号：15224646541122328

3）银行预留印鉴：济南新星电子科技有限公司

财务专用章

法定代表人名章

3. 纳税登记资料

济南市高新区国家税务局　纳税人识别号：913701020611669289

缴款账户：国家金库济南市高新区支库　账号：312013216081111113146。

4. 公司财务人员、其他人员

1）财务人员，会计：王芳　会计主管：张静　出纳：魏华

2）其他人员，销售主管：梁浩宇　采购主管：马山　仓库主管：刘壮　生产主管：吴云辉

5. 会计政策、会计核算规定

1）会计核算采用借贷记账法，材料、库存商品按实际成本计价。发出存货成本采用月末一次加权平均法核算。

2）采用品种法计算产品成本，设置三个成本项目：直接材料、直接人工、制

造费用。月末在产品和完工产品之间费用的分配采用约当产量法，原材料在第一道工序开始时一次投入，直接人工费用和制造费用的完工程度分工序按定额生产工时计算，其中第一工序定额工时为8小时，第二工序定额工时为12小时。月末在产品在本工序的完工程度均为50%。

3）公司适用的增值税税率为13%，城建税按7%计征，教育费附加按3%计征。企业所得税税率为25%。

4）分配率、单位成本、单价的计算保留4位小数，其他金额的计算保留2位小数。四舍五入尾差由最后一个项目负担。

二、有关账簿资料

1. 总分类账户

2021年5月初有关总分类账账户期初余额见表2-1。

表2-1 总分类账账户期初余额表 单位：元

账户名称	借方余额	账户名称	贷方余额
库存现金	8 200	累计折旧	152 000
银行存款	265 400	累计摊销	28 000
应收账款	2 715 000	短期借款	25 000
原材料	248 500	应付账款	23 500
生产成本	91 770	应付利息	375
库存商品	420 000	应交税费	6 150
固定资产	1 186 000	实收资本	1 820 000
无形资产	485 000	盈余公积	450 976
		本年利润	2 700 000
		利润分配	213 869
合计	5 419 870	合计	5 419 870

2. 原材料明细分类账户

2021年5月初原材料明细分类账账户期初余额见表2-2。

表2-2 原材料明细分类账账户期初余额表

材料名称	数量	计量单位	单价（元）	金额（元）
电路板	450	个	210	94 500
芯片	150	个	600	90 000
亚克力板	300	张	180	54 000
其他材料	1 000	个	10	10 000

3. 库存商品明细分类账户

2021年5月初库存商品明细分类账账户期初余额见表2-3。

表2-3　库存商品明细分类账账户期初余额表

库存商品名称	数量	计量单位	单位成本	金额（元）
手机R1	100	台	1 200	120 000
手机R2	200	台	1 500	300 000

4. 生产成本——手机R2明细分类账户

2021年5月初生产成本——手机R2明细分类账账户期初余额见表2-4。

表2-4　生产成本明细分类账账户期初余额表

产品名称：手机R2

2021年		摘要	成本项目（元）			
月	日		直接材料	直接人工	制造费用	合计
5	1	期初余额	64 800	16 900	10 070	91 770

5. 产品产量

手机R1、手机R2产量见表2-5。

表2-5　手机R1、手机R2产量表　　　　　　单位：台

项目	产量	
	手机R1	手机R2
期初在产品	0	100
本月投产	720	700
本月完工	720	680
月末在产品	0	120（第一道工序80台，第二道工序40台）

6. 应收应付

2021年5月初应收账款、应付账款明细分类账账户期初余额分别见表2-6、表2-7。

表2-6　应收账款明细分类账账户期初余额表　　　　　单位：元

名称	金额
应收账款——锐捷公司	515 000
应收账款——华辰公司	1 000 000
应收账款——齐达公司	1 200 000
合计	2 715 000

表2-7　应付账款明细分类账账户期初余额表　　　　　单位：元

名称	金额
应付账款——兴隆公司	10 000
应付账款——思源公司	13 500
合计	23 500

■ 资料准备

1）库存现金日记账1本、银行存款日记账1本、总账1本、"数量金额式"明细账20页、"金额三栏式"明细账50页。

2）通用记账凭证100张。

3）记账凭证封面2张。

4）装订绳3根，装订线1根。

5）裁纸刀、胶水、签字笔、个人印章、印泥各1份。

■ 实训要求

1）以济南新星电子科技有限公司为背景，开设库存现金日记账、银行存款日记账、总分类账户以及相关明细分类账户并登记该公司2021年5月各账户期初余额。

2）根据任务一至任务六的资料，取得外来原始凭证、填制自制原始凭证、填制记账凭证。

3）根据审核无误的原始凭证和记账凭证登记库存现金日记账、银行存款日记账、明细账。

4）根据审核无误的记账凭证编制科目汇总表。

5）根据科目汇总表登记总账。

6）在实训过程中应做到：①树立严谨的工作作风和实事求是的工作态度；②规范认真地处理好每一笔业务，记好每一笔账；③对操作中遇到的问题要多加思考，虚心请教，及时处理，不逃避，不气馁，坚持学习，出色地完成六个任务的业务处理。

任务一　资金筹集业务的核算

实训2-1　偿还短期借款

5月1日，偿还从工商银行借入的为期3个月，年利率为6%的借款25 000元，同时支付已计提的利息375元。有关原始凭证如图2-1、图2-2所示。

银行（　短期　贷款）还款凭证（回单）

	2021 年 05 月 01 日		原借款凭证银行编号：		

还款单位	名　称	中国工商银行舜华路支行	付款单位	名　称	济南新星电子科技有限公司
	往来户账号	1602024654546447356		存款户账号	1602024654546447356
	开户银行	中国工商银行舜华路支行		开户银行	中国工商银行舜华路支行

还款时间	2021年05月01日			还款次序										
还款金额	货币及金额（大写）：	贰万伍仟元整			亿	千	百	十	万	千	百	十	元	角	分
								￥	2	5	0	0	0	0	0
还款原因	借款到期一次还本付息													

（印章：中国工商银行舜华路支行 2021.05.01 收讫）

图2-1　银行贷款还款回单

中国工商银行　　　贷款利息 凭证

交易名称：定期借款到期一次偿还本金并支付利息

交易序号：540　　交易代码：592　　工作时间：2021年05月01日15时33分　　币种：人民币

借方户名：中国工商银行舜华路支行

借方账号：102161000197

贷方户名：济南新星电子科技有限公司

贷方账号：1602024654546447356

实收（付）金额：叁佰柒拾伍元整

计息户账号：4420069209095437996　　　　　借据编号：020027988366882071

（印章：中国工商银行舜华路支行 2021.05.01 转讫）

起息日期	止息日期	积数/息余	利率	利息
2021-02-01	2021-05-01	25,000.00	6%	375.00

图2-2　银行贷款利息回单

实训2-2 接受货币资金投资

5月1日，收到投资人李建国的投资款500 000元，存入银行。有关原始凭证如图2-3、图2-4、图2-5所示。

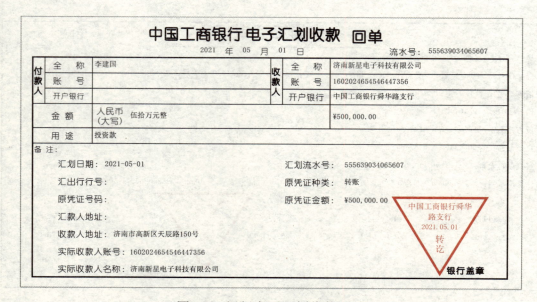

投资协议书

（ 2021 ）第 001 号文

★

投资单位（甲方）	李建国	被投资单位（乙方）	济南新星电子科技有限公司
地址		地址	济南市高新区天辰路150号
账号		账号	1602024654546447356
开户银行		开户银行	中国工商银行舜华路支行
投资金额	人民币（大写）伍拾万元整		
协议条款			
甲方签章：		乙方签章：	
日期：贰零贰壹年零伍月零壹日		日期：贰零贰壹年零伍月零壹日	

图2-3 投资协议书

中国工商银行 电子汇划收款 回单

2021 年 05 月 01 日   流水号：555639034065607

付款人	全　称	李建国	收款人	全　称	济南新星电子科技有限公司
	账　号			账　号	1602024654546447356
	开户银行			开户银行	中国工商银行舜华路支行
金　额	人民币（大写）	伍拾万元整			¥500,000.00
用　途	投资款				

备 注：
汇划日期：2021-05-01   汇划流水号：555639034065607
汇出行行号：   原凭证种类：转账
原凭证号码：   原凭证金额：¥500,000.00
汇款人地址：
收款人地址：济南市高新区天辰路150号
实际收款人账号：1602024654546447356
实际收款人名称：济南新星电子科技有限公司

中国工商银行舜华路支行
2021.05.01
转讫

银行盖章

图2-4 银行电子汇划收款回单

图2-5　收款收据

■　知识链接

"实收资本"账户属于所有者权益类账户，核算企业实际收到投资人投入的资本。企业收到投资人投入的款项，应以实际收到或者存入企业开户银行的金额，借记"库存现金""银行存款"科目，按投资者应享有企业注册资本的份额计算的金额，贷记"实收资本"科目，按其差额，贷记"资本公积——资本溢价（或股本溢价）"科目。

实训2-3　接受周转材料投资

5月2日，接受济南泰达电子科技有限公司投资专用工具1 000套，协商价值为20 000元，增值税税额为2 600元。有关原始凭证如图2-6～图2-9所示。

投资协议书

（　2021　）第　002　号文

投资单位（甲方）	济南泰达电子科技有限公司	被投资单位（乙方）	济南新星电子科技有限公司
地址	舜华路218号	地址	济南市高新区天辰路150号
账号	9740314866433972024	账号	1602024654546447356
开户银行	工行高新区支行	开户银行	中国工商银行舜华路支行
投资金额	人民币（大写）贰万贰仟陆佰元整		
协议条款	接受济南泰达电子科技有限公司投资转入的专用工具1000套，协商价值为20,000元，增值税税额为2,600元，总价值22,600元。 甲方签章：　　　　　　　乙方签章： 日期：贰零贰壹年零伍月零贰日　日期：贰零贰壹年零伍月零贰日		

图2-6　投资协议书

收　料　单

供应单位：济南泰达电子科技有限公司　　　　　　　　　　　　　收料单编号：

材料类别：周转材料　　　　　　　2021　年　05　月　02　日　　　收料仓库：原材料库

材料编号	名称	规格	单位	数量		买价		实际成本			第
				应收	实收	单价	金额	运杂费	其他	合计	三
	专用工具		套	1000	1000	20.00	20,000.00			¥20,000.00	联
											记
											账
	合　　计			1000	1000		20,000.00			¥20,000.00	联
	备　　注										

仓库主管：刘壮　　　　记账：王芳　　　　　收料：李姿　　　　　制单：王芳

图2-7　专用工具收料单

图2-8　增值税专用发票（发票联）

图2-9　增值税专用发票（抵扣联）

■　**知识链接**

收到投资人投入的材料物资等，应按照收到的增值税专用发票上注明的不含税的材料价值，借记"原材料""周转材料"等账户，按增值税税额借记"应交税费——应交增值税（进项税额）"账户，按两者之和，贷记"实收资本"账户。

实训2-4　接受无形资产投资

5月3日，接受济南泰达电子科技有限公司投资的企业管理软件，合同协议价值为120 000元，使用期限为5年，未取得增值税专用发票。有关原始凭证如图2-10所示。

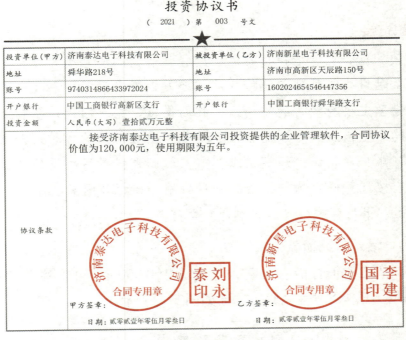

图2-10　投资协议书

■　**知识链接**

企业接受投资者作价投入的无形资产，应按照投资合同或协议约定价值确定无形资产的价值（投资合同或协议约定价值不公允的除外），借记"无形资产"账户，贷记"实收资本"账户。

实训2-5　借入短期借款

5月4日，从工商银行借入为期9个月的借款25 000元，年利率为6%，到期一次还本付息。有关原始凭证如图2-11所示。

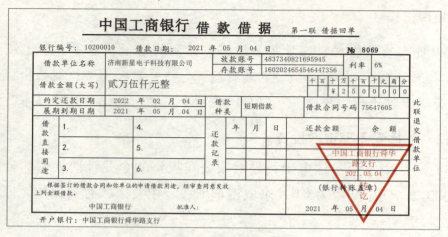

图2-11　银行借款借据

■ 知识链接

短期借款是指企业为维持正常的生产经营所需的资金或为抵偿某项债务而向银行或其他金融机构等外部单位借入的、还款期限在一年以下（含一年）的各种借款。短期借款主要有经营周转借款、临时借款、结算借款、票据贴现借款、卖方信贷、预购定金借款和专项储备借款等等。企业借入的各种短期借款，应借记"银行存款"账户，贷记"短期借款"账户；归还借款做相反的会计分录。资产负债表日，应按计算确定的短期借款利息费用，借记"财务费用——利息支出"等账户，贷记"银行存款""应付利息"等账户。

实训2-6　借入长期借款

5月4日，从工商银行借入为期2年的借款100 000元。年利率为8%，三个月付息一次，到期偿还本金。有关原始凭证如图2-12所示。

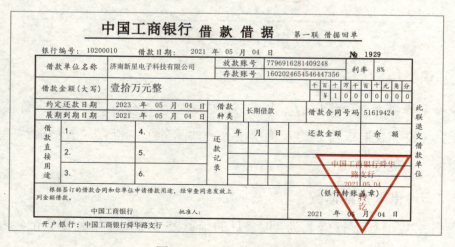

图2-12　银行借款借据

■ **知识链接**

长期借款是指企业向银行或其他金融机构借入的期限在一年以上（不含一年）的各种借款，一般用于固定资产的购建、改扩建工程、大修理工程、对外投资以及保持长期经营能力等方面。它是企业长期负债的重要组成部分，必须加强管理与核算。长期借款会计处理的基本要求是反映和监督企业长期借款的借入、借款利息的结算和借款本息的归还情况，促使企业遵守信贷纪律、提高信用等级，同时也要确保长期借款发挥效益。

企业应通过"长期借款"账户核算长期借款的借入、归还等情况。该账户可按照提供借款的单位和借款种类设置明细账，分为"本金""利息"等明细账户进行核算。该账户的贷方登记长期借款本息的增加额，借方登记本息的减少额，贷方余额表示企业尚未偿还的长期借款的金额。

任务二　物资采购业务的核算

实训2-7　外购原材料，货未到，已付款

5月5日，从济南兴隆新材料有限公司（简称兴隆公司）购入电路板一批，取得的增值税专用发票上注明数量为1 200个，金额240 000元，增值税税额31 200元。货款已经通过电汇方式支付，原材料尚未到库。有关原始凭证如图2-13～图2-15所示。

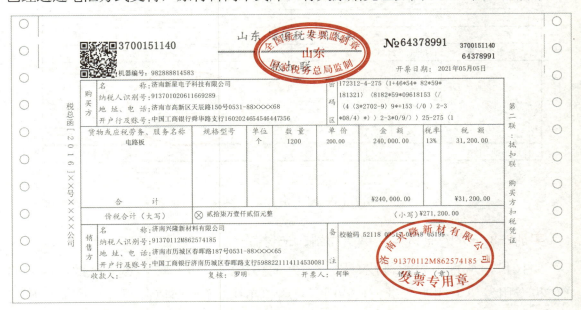

图2-13　增值税专用发票（抵扣联）

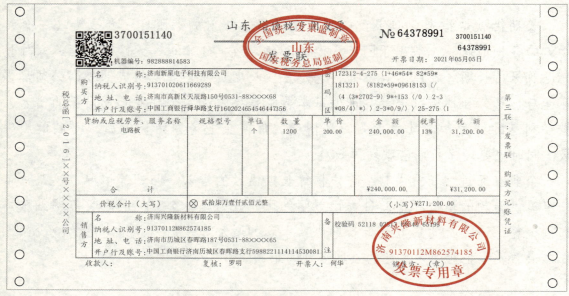

图2-14 增值税专用发票（发票联）

中国工商银行 网上银行电子回单

电子回单号码：48968757047

付款人	户 名	济南新星电子科技有限公司	收款人	户 名	济南兴隆新材料有限公司
	账 号	1602024654546447356		账 号	5988221114114530081
	开户银行	工商银行舜华路支行		开户银行	中国工商银行济南历城区春晖路支行
金 额		人民币（大写）：贰拾柒万壹仟贰佰元整			¥271,200.00 元
摘 要			业务种类		
用 途		转账			
交易流水号		27420949621583	时间戳		2021-05-05
备注：					
		验证码：96092130			
记账网点	810		记账柜员	233	记账日期 2021年05月05日

打印日期： 2021年05月05日

图2-15 网上银行电子回单

实训2-8 外购原材料，单货同到，未付款

5月6日，从青岛思源科技有限公司（简称思源公司）购入芯片一批，取得的增值税专用发票上注明数量为1 500个，金额870 000元，增值税额113 100元。原材料已经验收入库，货款尚未支付。有关原始凭证如图2-16、图2-17、图2-18所示。

图2-16　增值税专用发票（抵扣联）

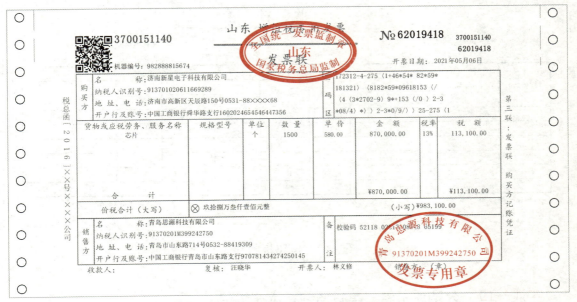

图2-17　增值税专用发票（发票联）

收 料 单

| 供应单位：青岛思源科技有限公司 | | | | | | | | | 收料单编号： | | |
| 材料类别：原料及主要材料 | | | | 2021 年 05 月 06 日 | | | | 收料仓库：原材料仓库 | | | |

材料编号	名称	规格	单位	数量		买价		实际成本			第三联 记账联
				应收	实收	单价	金额	运杂费	其他	合计	
	芯片		个	1500	1500	580.00	870,000.00			¥870,000.00	
合　计				1500	1500		870,000.00			¥870,000.00	
备　注											

仓库主管：刘壮　　　　记账：王芳　　　　收料：高义鹤　　　　制单：王芳

图2-18　芯片收料单

实训2-9　在途物资到达，验收入库

5月7日，从济南兴隆新材料有限公司购入电路板到达，验收入库。有关原始凭证如图2-19所示。

收 料 单

| 供应单位：济南兴隆新材料有限公司 | | | | | | | | | 收料单编号： | | |
| 材料类别：原料及主要材料 | | | | 2021 年 05 月 07 日 | | | | 收料仓库：原材料仓库 | | | |

材料编号	名称	规格	单位	数量		买价		实际成本			第三联 记账联
				应收	实收	单价	金额	运杂费	其他	合计	
	电路板		个	1200	1200	200.00	240,000.00			¥240,000.00	
合　计				1200	1200		240,000.00			¥240,000.00	
备　注											

仓库主管：刘壮　　　　记账：王芳　　　　收料：高义鹤　　　　制单：王芳

图2-19　电路板收料单

实训2-10　外购原材料，单货同到，承兑货款

5月8日，从苏州辅朗材料有限公司购入亚克力板一批，取得的增值税专业发票上注明数量为1 000张，金额190 000元，增值税税额24 700元。开出为期3个月的银行承兑汇票承兑货款。原材料已到达并验收入库。有关原始凭证如图2-20～图2-23所示。

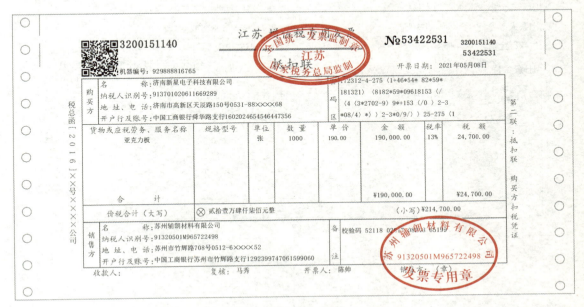

图2-20　增值税专用发票（抵扣联）

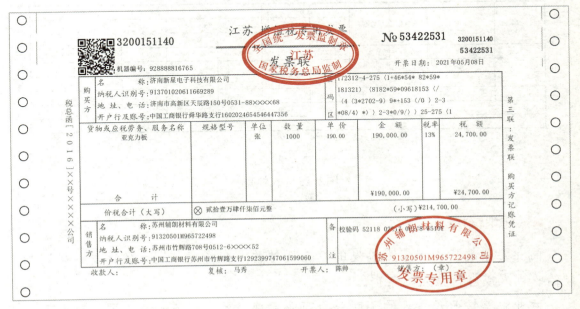

图2-21　增值税专用发票（发票联）

中国工商银行　银行承兑汇票 （存根）3

						10203750	
						91764146	

出票日期（大写）　贰零贰壹 年 零伍 月 零捌 日

出票人全称	济南新星电子科技有限公司	收款人	全　称	苏州辅朗材料有限公司
出票人账号	1602024654546447356		账　号	1292399747061599060
付款行全称	中国工商银行舜华路支行		开户银行	中国工商银行苏州市竹辉路支行

出票金额	人民币（大写）　贰拾壹万肆仟柒佰元整	亿	千	百	十	万	千	百	十	元	角	分
				￥	2	1	4	7	0	0	0	0

汇票到期日（大写）	贰零贰壹年零伍月零捌日	付款行	行号	102161000197
承兑协议编号	33094327		地址	济南市高新区天辰路150号

备注：

此联由出票人存查

图2-22　银行承兑汇票（存根）

收料单

供应单位：苏州辅朗材料有限公司　　　　　　　　　　　　　　　　　收料单编号：

材料类别：原料及主要材料　　　2021 年 05 月 08 日　　　收料仓库：原材料仓库

材料编号	名称	规格	单位	数量		实际成本				
				应收	实收	买价		运杂费	其他	合计
						单价	金额			
	亚克力板		张	1000	1000	190.00	190,000.00			￥190,000.00
合　计				1000	1000		190,000.00			￥190,000.00
备　注										

第三联　记账联

仓库主管：刘壮　　　　记账：王芳　　　　　收料：高义鹤　　　　制单：王芳

图2-23　收料单

■　**知识链接**

商业汇票是指由出票人签发的，委托付款人在指定日期无条件支付确定的金额给收款人或者持票人的票据。

商业汇票按照承兑人的不同分为商业承兑汇票和银行承兑汇票。商业承兑汇票由银行以外的付款人承兑（付款人为承兑人），银行承兑汇票由银行承兑。商业汇票的付款期限，最长不得超过6个月（电子商业汇票可延长至1年）。商业承兑汇票与银行承兑汇票的票样分别如图2-24、图2-25所示。

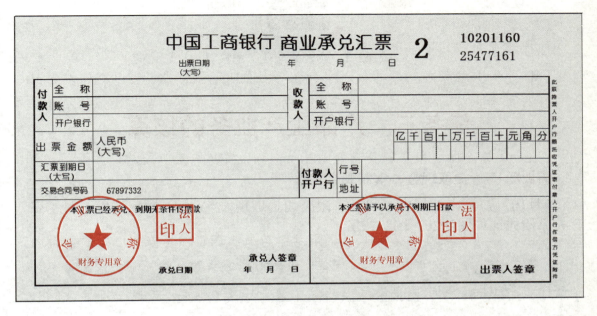

图2-24　商业承兑汇票票样

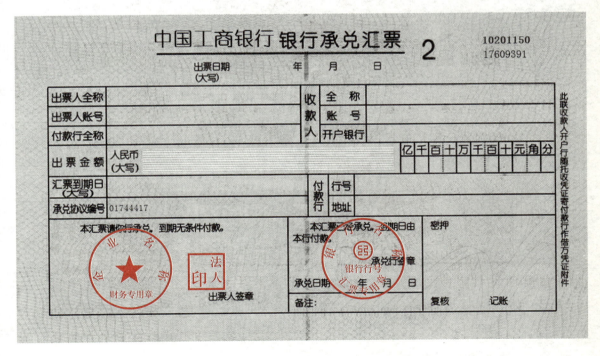

图2-25　银行承兑汇票票样

微课2-1　物资采购业务的核算

任务三　产品生产业务的核算

实训2-11　**提取现金，填制现金支票**

5月10日，济南新星电子科技有限公司提取现金428 245.20元备发上月工资，有关原始凭证如图2-26、图2-27所示。

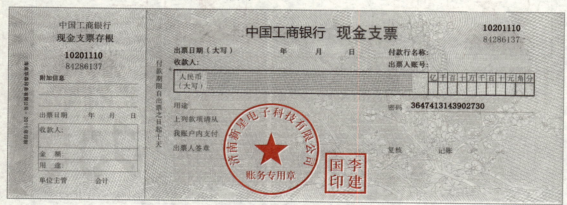

图2-26　现金支票正面

图2-27　现金支票背面

实训2-12　**发放工资**

5月10日，发放4月份工资，有关原始凭证见表2-8。

表2-8 工资发放汇总表

2021年4月30日   单位：元

项目	类别	应付工资	养老保险	医疗保险	失业保险	住房公积金	个人所得税	扣款合计	实发工资
生产车间	生产工人	280 000	22 400	5 600	2 800	33 600	468	64 868	215 132
	管理人员	48 000	3 840	960	480	5 760	208.8	11 248.8	36 751.2
管理部门		126 000	10 080	2 520	1 260	15 120	2 602	31 582	94 418
销售部门		108 000	8 640	2 160	1 080	12 960	1 216	26 056	81 944
合计		562 000	44 960	11 240	5 620	67 440	4 494.8	133 754.8	428 245.2

审核：张静   制单：王芳

■ 知识链接

本实训业务属于"工资结算的核算"，工资是企业因为使用了职工的时间，技能等而向职工支付的薪酬。本实训与后续的"工资分配"实训有区别。企业"应付职工薪酬"账户，借方登记实际发放的薪酬及代扣款项，贷方登记应付的薪酬。

实训2-13 购买并发放办公用品

5月11日，用现金购入办公用品并发放给各部门，取得增值税普通发票，发票上注明价税款共计745.8元，有关原始凭证如图2-28和表2-9所示。

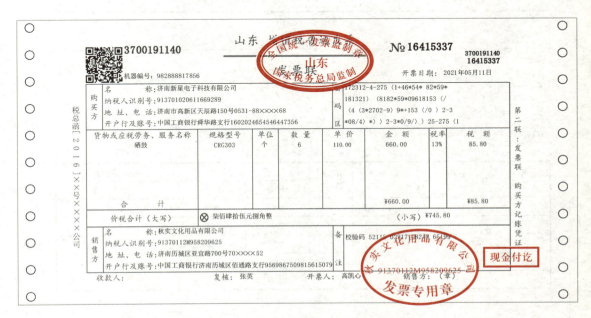

图2-28 增值税普通发票（发票联）

表2-9　办公用品领用单

2021年5月11日

领用部门	物品名称	数量（个）	金额（元）	领用人
管理部门	硒鼓	3	372.9	李少红
销售部门	硒鼓	2	248.6	曲卫国
生产车间	硒鼓	1	124.3	姜小伟
合计		6	745.8	

审核：张静　　　　　　　　　　　　　　　　　　　制单：王芳

实训2-14　领用原材料

5月12日，生产车间和管理部门领用电路板等原材料，有关原始凭证如图2-29～图2-32所示。

领　料　单

领料部门：生产车间

用　　途：生产手机R1　　　　2021　年　05　月　12　日　　　　编号：121

材料编号	材料名称	规格	计量单位	数量 请领	数量 实发	成本 单价	成本 金额
	电路板		个	800	800		
	芯片		个	800	800		
	亚克力板		张	200	200		
	其他		个	500	500		
	合　计			2 300	2 300		

主管：张静　　　记账：王芳　　　仓管主管：刘壮　　　领料：张海　　　发料：

图2-29　领料单（1）

领　料　单

领料部门：生产车间

用　　途：生产手机R2　　　　2021　年　05　月　12　日　　　　编号：122

材料编号	材料名称	规格	计量单位	数量 请领	数量 实发	成本 单价	成本 金额
	电路板		个	800	800		
	芯片		个	800	800		
	亚克力板		张	400	400		
	其他		个	300	300		
	合　计			2 300	2 300		

主管：张静　　　记账：王芳　　　仓管主管：刘壮　　　领料：张海　　　发料：

图2-30　领料单（2）

领 料 单

领料部门：生产车间

用　途：一般耗用　　　　　　2021 年 05 月 12 日　　　　　编号：123

材料编号	材料名称	规格	计量单位	数量		成本	
				请领	实发	单价	金额
	其他		个	100	100		
合　计				100	100		

主管：张静　　　记账：王芳　　　　　仓管主管：刘壮　　　　领料：张海　　　发料：

图2-31　领料单（3）

领 料 单

领料部门：管理部门

用　途：办公用　　　　　　　2021 年 05 月 12 日　　　　　编号：124

材料编号	材料名称	规格	计量单位	数量		成本	
				请领	实发	单价	金额
	其他		个	60	60		
合　计				60	60		

主管：张静　　　记账：王芳　　　　　仓管主管：刘壮　　　　领料：张海　　　发料：

图2-32　领料单（4）

实训2-15　预付保险费

5月15日，预付2021年5月至2022年4月财产保险费，取得增值税专用发票，发票上注明价款48 000.00元，增值税税款2 880.00元，有关原始凭证如图2-33～图2-35所示。

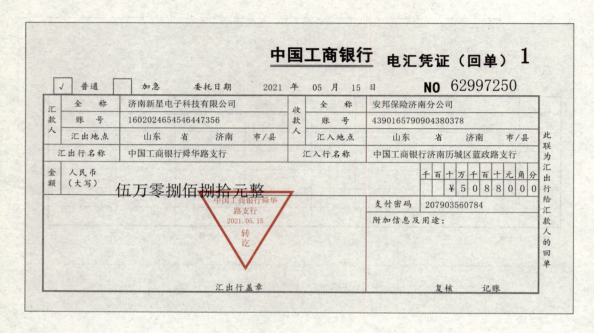

图2-33 电汇凭证回单

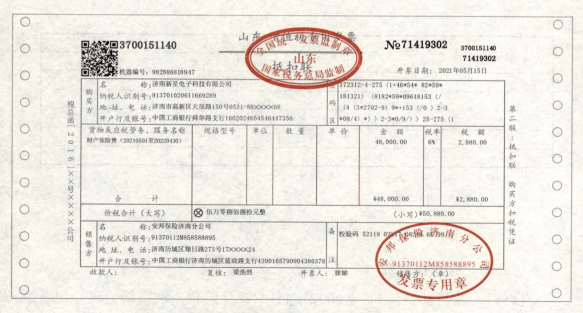

图2-34 增值税专用发票（抵扣联）

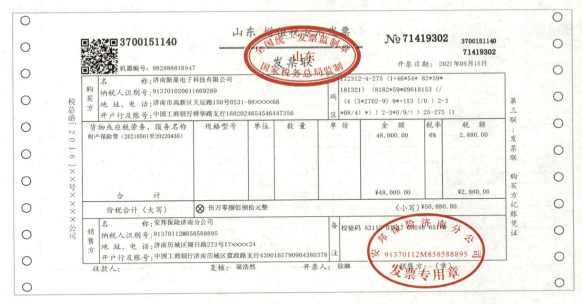

图2-35　增值税专用发票（发票联）

实训2-16　预借差旅费

5月15日，采购员王秋雨出差，预借差旅费2 000元，以现金支付，有关原始凭证如图2-36所示。

借　款　单

资金性质 出差借款　　　　　　　　　　　　2021 年 05 月 15 日

借款单位	办公室　王秋雨		
借款理由	预借差旅费		
借款数额	人民币（大写）贰仟元整		￥ 2,000.00
本单位负责人意见	同意	借款人（签章）	王秋雨
公司领导审批：	会计主管人员核批：	付款记录：	现金付讫
李建国　同意	张静　同意	2021 年 05 月 15 日　以第　　号 支票或现金支出凭单付给	

图2-36　借款单

实训2-17　报销差旅费

5月20日，采购员出差回来，报销差旅费（注：每天补助200元），填制差旅费报销单，退回现金188.2元，有关原始凭证如图2-37～图2-44所示。

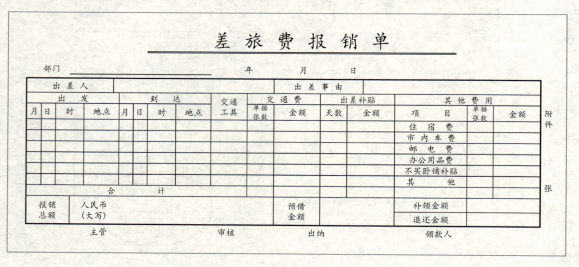

图2-37　差旅费报销单

图2-38　火车票（1）

图2-39　火车票（2）

图2-40 出租车发票（1）

图2-41 出租车发票（2）

图2-42 出租车发票（3）

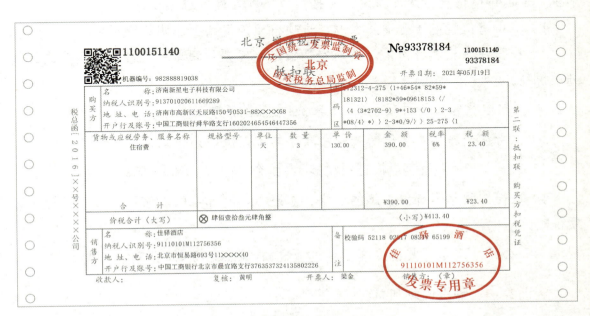

图2-43 增值税专用发票（抵扣联）

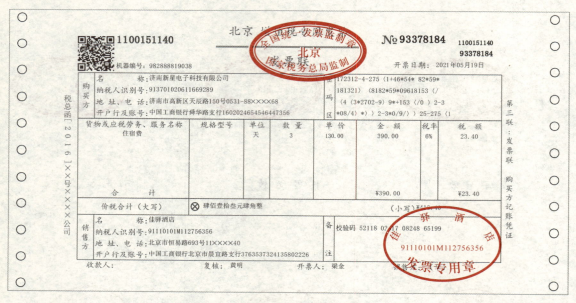

图2-44 增值税专用发票（发票联）

■ **知识链接**

纳税人购进国内旅客运输服务，进项税额的确定方法如下。

自2019年4月1日起，纳税人购进国内旅客运输服务，其进项税额允许从销项税额中抵扣。纳税人取得增值税专用发票的，以发票上注明的税额为进项税额。纳税人未取得增值税专用发票的，暂按照以下规定确定进项税额：

1）取得增值税电子普通发票的，进项税额为发票上注明的税额。

2）取得注明旅客身份信息的航空运输电子客票行程单的，按照下列公式计算进项税额。

航空旅客运输进项税额=（票价+燃油附加费）÷（1+9%）×9%

3）取得注明旅客身份信息的铁路车票的，按照下列公式计算的进项税额。

铁路旅客运输进项税额=票面金额÷（1+9%）×9%

4）取得注明旅客身份信息的公路、水路等其他客票的，按照下列公式计算进项税额。

公路、水路等其他旅客运输进项税额=票面金额÷（1+3%）×3%

实训2-18 **预提借款利息**

5月30日，预提银行借款本月应计利息，填制借款利息费用计算表，有关原始凭证见表2-10。

表2-10　借款利息费用计算表

年　月　日

借款银行	借款期限	借款本金	年利率	月利率	本月利息
合计					

审核：　　　　　　　　　　　　　　　　　　　　　　制单：

注：借款信息见任务一，利息按5月份一个月的利息计算。

■　知识链接

1．短期借款利息的结算方式

短期借款的利息结算方式分为按月支付、按季支付、按半年支付和到期一次还本付息。

如果企业的短期借款利息按月支付，或者利息在借款到期归还本金时一并支付且数额不大的，可以在实际支付或收到银行的计息通知时，直接计入当期损益。如果短期借款的利息按其他期限支付（如按季），或者利息是在借款到期归还本金时一并支付且数额较大的，为了正确计算各期的盈亏，应采用预提的办法，先按月预提，计入当期损益，到期再进行支付。

2．短期借款利息的计算方法

短期借款利息的具体计算公式为

短期借款年利息=短期借款总额×年利率

短期借款月利息=（短期借款总额×年利率）÷12

3．长期借款利息的计算与会计核算

长期借款利息的计算方法与短期借款利息计算方法相同，不再赘述。

如果企业长期借款的利息分期偿还，如按年或按半年支付，则按月计提利息时，应贷记"应付利息"账户；如果长期借款利息在借款到期归还本金时一并支付，则按月计提利息时，应贷记"长期借款——应计利息"账户。长期借款的利

息根据不同的情况可能计入在建工程成本或财务费用等，本实训计入财务费用。

实训2-19 发出材料汇总

5月31日，根据领料单填制发出材料成本计算表和材料费用分配表，有关原始凭证见表2-11和表2-12。

表2-11 发出材料成本计算表

年 月 日

材料名称	期初结存数量	期初结存金额	本期购进数量	本期购进金额	加权平均单价	本期发出数量	本期发出金额	期末结存数量	期末结存金额
电路板									
芯片									
亚克力板									
其他材料									
合计									

审核：　　　　　　　　　　　　　　　　　　　　　　制单：

表2-12 材料费用分配表

年 月 日

分配对象	电路板			芯片			亚克力板			其他材料			合计
	数量	单价	金额	数量	单价	金额	数量	单价	金额	数量	单价	金额	
手机R1													
手机R2													
车间一般用													
管理部门用													
合计													

审核：　　　　　　　　　　　　　　　　　　　　　　制单：

微课2-2 存货发出计价方法之加权平均法

■ **知识链接**

1. 发出原材料成本的计算方法——月末一次加权平均法

在原材料按实际成本计价核算的前提下，由于市场波动，每次购入原材料的单价不一定相同，那么发出原材料时需采用一定的方法计算单位成本和总成本。本实训要求采用月末一次加权平均法，该方法计算过程如下。

存货加权平均单位成本=（月初结存存货的实际成本+本月收入存货的实际总成本）÷（月初结存存货数量+本月各批收入存货数量之和）

本月发出存货成本=本月发出存货数量×存货加权平均单位成本

月末库存存货成本=月末库存存货数量×存货加权平均单位成本

或

月末库存存货成本=期初结存存货成本+本期收入存货成本−本月发出存货成本

2．月末一次加权平均法的特点

1）采用月末一次加权平均法计算发出存货成本，平时收入存货时，要在存货明细账上登记收入存货的数量、单价、金额；发出存货时，只登记发出存货的数量，逐笔结出结存存货的数量。

2）月末，按存货种类计算某种存货的全月一次加权平均单价，再计算发出和结存存货成本，在存货明细账上登记发出和结存存货的金额。

3．月末一次加权平均法的优缺点

1）优点：只在月末一次计算加权平均单价，比较简单，有利于简化成本计算工作。

2）缺点：由于平时无法从账上提供发出和结存存货的单价及金额，因此不利于存货成本的日常管理与控制。

实训2-20　分配工资费用

5月31日，根据工资发放汇总表，填制工资费用分配表，有关原始凭证见表2-13和表2-14。

表2-13　工资发放汇总表

2021年5月31日　　　　　　　　　　　　　　　　单位：元

项目	类别	应付工资	养老保险	医疗保险	失业保险	住房公积金	个人所得税	扣款合计	实发工资
生产车间	生产工人	280 000	22 400	5 600	2 800	33 600	468	64 868	215 132
	管理人员	48 000	3 840	960	480	5 760	208.8	11 248.8	36 751.2
管理部门		126 000	10 080	2 520	1 260	15 120	2 602	31 582	94 418
销售部门		108 000	8 640	2 160	1 080	12 960	1 216	26 056	81 944
合计		562 000	44 960	11 240	5 620	67 440	4 494.8	133 754.8	428 245.2

审核：张静　　　　　　　　　　　　　　　　　　　制单：王芳

表2-14　工资费用分配表

年　月　日

应借账户		直接计入	分配计入			合计
			工时	分配率	分配金额	
生产成本	手机R1					
	手机R2					
制造费用						
管理费用						
销售费用						
合计						

审核：　　　　　　　　　　　　　　　　　　制单：

注：生产工人工资按产品生产工时分配，手机R1耗费工时800小时，手机R2耗费工时1 200小时。

■　**知识链接**

1．职工薪酬的概念

职工薪酬是指企业在生产产品或提供劳务的过程中所发生的各种直接和间接人工费用的总和。

2．职工薪酬分配的核算原则

工资费用分配表一般按车间、部门分别填制，是职工薪酬分配的依据，即职工薪酬按职工所在岗位不同计入不同的成本费用账户。直接进行产品生产的生产工人的薪酬，应当计入产品成本中的"直接人工"成本项目。当某车间只生产一种产品时，该车间生产工人的薪酬直接计入该产品成本中的"直接人工"项目，当某车间生产两种或两种以上产品时，则该车间生产工人的薪酬应按产品工时、产品产量、产值比例等方式进行合理计算分配，计入各有关产品成本的"直接人工"项目。

实训2-21　发放困难补助

5月31日，提取现金8 000.00元，发放职工困难补助，填制职工福利费分配表，有关原始凭证见图2-45、表2-15和表2-16。

中国工商银行
现金支票存根
10201110
88432393

附加信息 _____

_____

出票日期　2021年　05月　31日

收款人：	济南新星电子科技有限公司
金　额：	¥8,000.00
用　途：	发放困难补助

单位主管　张静　　会计　王芳

××印务有限公司·××年印制

图2-45　现金支票存根

表2-15　困难补助发放表

2021年5月31日

所在部门	姓名	补助金额（元）		领取人
生产车间（一线工人）	张晓川	1 000.00		张晓川
	黄丽萍	1 000.00		黄丽萍
	徐结	1 000.00		徐结
	赵强	1 000.00		赵强
生产车间（管理人员）	刘新军	1 000.00		刘新军
行政部门	张丽娜	1 000.00		张丽娜
	钱云飞	1 000.00	现金付讫	钱云飞
销售部	周东方	1 000.00		周东方
合计		8 000.00		

会计主管：张静　　　　　　　　　　　　　　出纳：魏华

表2-16　职工福利费分配表

2021年5月31日

应借账户		直接计入	分配计入			合计
			工时	分配率	分配金额	
生产成本	手机R1		8 000			
	手机R2		12 000			
	合计					
制造费用						
管理费用						
销售费用						
合计/元						

审核：　　　　　　　　　　　　　　　　　　　制单：

■　**知识链接**

1．职工福利费的概念

职工福利费，是指企业向职工提供的生活困难补助费、丧葬补助费、抚恤费、职工异地安家费、防暑降温费等职工福利支出。

2．职工福利费的核算原则

企业发生的职工福利费，应当在实际发生时根据实际发生额，计入当期损益或相关资产成本，同时确认为应付职工薪酬。

实训2-22　**计提固定资产折旧**

5月31日，填制固定资产折旧计算表，有关原始凭证见表2-17。

表2-17　固定资产折旧计算表

2021年5月31日

资产名称	原值（元）	使用部门	预计使用年数或总工作量	折旧方法	预计净残值率	本月工作量	本月折旧额
仓库	320 000	管理部门	40年	年限平均法	3%	—	
机器设备	480 000	生产车间	10年	年限平均法	2%	—	
小轿车	180 000	管理部门	400 000千米	工作量法	2%	3 000千米	
货车	164 000	销售部门	400 000千米	工作量法	2%	8 000千米	
电子设备	42 000	管理部门	5年	年限平均法	2%		
合计	1 186 000	—	—	—	—	—	

审核：　　　　　　　　　　　　　　　　　　　制单：

■　**知识链接**

1．固定资产折旧的概念

固定资产折旧简称折旧，是指在固定资产使用寿命内，按照确定的方法对应计折旧额进行系统的分摊。其中：①使用寿命是指固定资产预期使用的期限。②应计折旧额是指应当计提折旧的固定资产的原价扣除其预计净残值后的金额。已计提减值准备的固定资产，还应当扣除已计提的固定资产减值准备累计金额。③预计净残值是指假定固定资产预计使用寿命已满并处于使用寿命终了时的预期状态，企业可以从该项资产处置中获得的扣除预计处置费用后的金额。

2．固定资产折旧的方法

企业应当根据与固定资产有关的经济利益的预期实现方式，合理选择固定资产的折旧方法。可选用的折旧方法包括年限平均法（又称直线法）、工作量法、双倍余额递减法和年数总和法等。本教材只介绍年限平均法和工作量法。

（1）年限平均法　年限平均法又称直线法，是指将固定资产的应计折旧额均匀地分摊到固定资产预计使用寿命内的一种方法。采用这种方法计算的每期折旧额相等。

其基本计算公式如下：

年折旧额＝（固定资产原值－固定资产预计净残值）÷固定资产预计使用寿命

月折旧额＝年折旧额÷12

或

年折旧率＝（1－预计净残值率）÷预计使用寿命（年）×100%

月折旧率＝年折旧率÷12

月折旧额＝固定资产原价×月折旧率

其中：　　　　年折旧率＝年折旧额÷固定资产原值×100%

预计净残值率＝预计净残值÷固定资产原值×100%

（2）工作量法　工作量法是指根据实际工作量计算每期应计折旧额的一种方法。

其基本计算公式如下：

单位工作量折旧额＝固定资产原价×（1－预计净残值率）÷预计总工作量

某项固定资产月折旧额＝该项固定资产当月工作量×单位工作量折旧额

3．固定资产折旧的核算

固定资产折旧一般应按月计提，当月增加的固定资产，当月不计提折旧，从下月起计提折旧；当月减少的固定资产，当月照提折旧，从下月起不计提折旧。固定资产提足折旧后，无论能否继续使用，均不再计提折旧；提前报废的固定资产也不再补提折旧。

计提的折旧应当贷记"累计折旧"科目，并根据固定资产的用途计入相关资产的成本或者当期损益（记入相关账户的借方）。企业自行建造固定资产过程中使用的固定资产，其计提的折旧应借记"在建工程"科目；基本生产车间所使用的固定资产，其计提的折旧应借记"制造费用"科目；管理部门所使用的固定资产，其计提的折旧应借记"管理费用"科目；销售部门所使用的固定资产，其计提的折旧应借记"销售费用"科目；经营租出的固定资产，其计提的折旧额应借记"其他业务成本"科目。

微课2-3　折旧计算方法
之年限平均法

微课2-4　折旧计算方法
之工作量法

实训2-23　无形资产摊销

5月31日，填制无形资产摊销计算表，有关原始凭证见表2-18。

表2-18　无形资产摊销计算表

年　月　日

账户名称	账面原价（元）	摊销期限	月摊销额（元）
商标权	240 000	20年	
非专利技术	245 000	15年	
版权	120 000	5年	
合计			

■　知识链接

无形资产摊销规定如下：

（1）无形资产摊销的范围　企业应当于取得无形资产时分析判断其使用寿

命。使用寿命有限的无形资产应进行摊销。使用寿命不确定的无形资产不摊销。

（2）无形资产的摊销方法　对于使用寿命有限的无形资产，通常视其残值为零。企业应当按月对无形资产进行摊销。对于使用寿命有限的无形资产应当自可供使用（即其达到预定用途）当月起开始摊销，自处置当月起不再摊销。

无形资产摊销方法包括年限平均法（即直线法）、生产总量法等。

（3）无形资产摊销的核算原则　无形资产的摊销金额一般应当计入当期损益。企业管理用的无形资产，其摊销金额计入管理费用；出租的无形资产，其摊销金额计入其他业务成本；某项无形资产包含的经济利益通过所生产的产品或其他资产实现的，其摊销金额应当计入相关资产成本。

实训2-24　支付水费并分配

5月31日，支付水费，开出转账支票，取得增值税专用发票，发票上注明价款1 694.00元，增值税税款152.46元，共计1 846.46元，填制水费分配表，有关原始凭证见图2-46、图2-47、图2-48和表2-19。

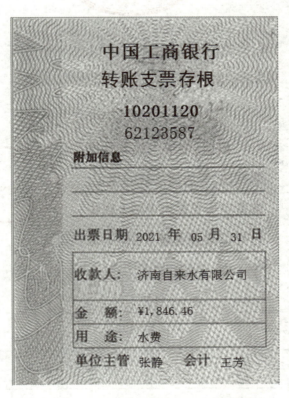

中国工商银行
转账支票存根
10201120
62123587

附加信息

出票日期 2021 年 05 月 31 日

收款人：济南自来水有限公司

金　额：¥1,846.46

用　途：水费

单位主管　张静　会计　王芳

图2-46　转账支票存根（水费）

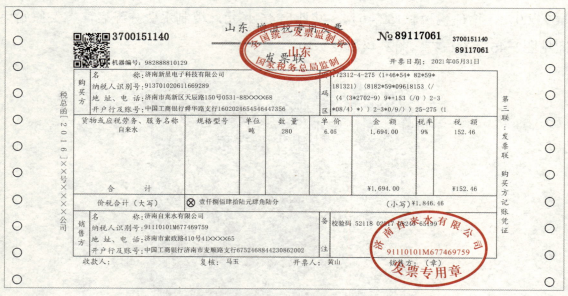

图2-47　增值税专用发票（抵扣联）

图2-48　增值税专用发票（发票联）

表2-19　水费分配表

年　月　日

受益部门	耗用量（吨）	单价（元）	耗用金额（元）
生产车间	180		
管理部门	60		
销售部门	40		
合计	280		

审核：　　　　　　　　　　　　　　　　　　　　制单：

实训2-25　支付电费并分配

　　5月31日，支付电费，开出转账支票，取得增值税专用发票，发票上注明价款135 488.00元，增值税税款17 613.44元，共计153 101.44元，并填制电费分配表，有关原始凭证见图2-49、图2-50、图2-51和表2-20。

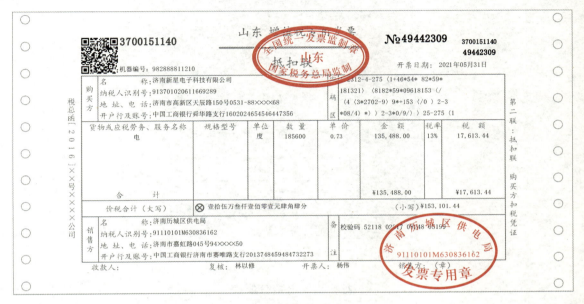

图2-49　增值税专用发票（抵扣联）

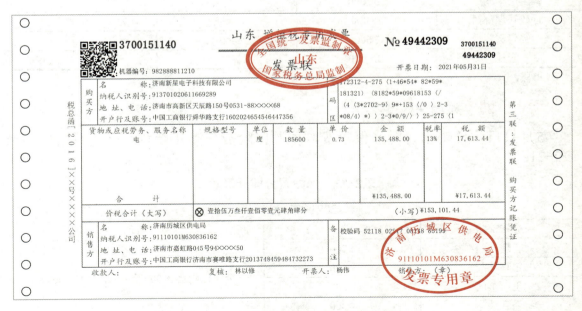

图2-50　增值税专用发票（发票联）

图2-51 转账支票存根（电费）

表2-20 电费分配表

年　月　日

受益部门	耗用量（千瓦时）	单价（元）	耗用金额（元）
生产车间	160 000		
行政管理部门	18 000		
销售部门	7 600		
合计	185 600		

审核：　　　　　　　　　　　　　　　　　　　　制单：

实训2-26　摊销保险费

5月31日，摊销本月财产保险费，填制保险费分摊计算表，有关原始凭证见表2-21。

表2-21 保险费分摊计算表

2021年5月31日

分摊部门	分摊金额（元）	备注
管理部门	1 200	
销售部门	600	全年保险费48 000元，每月分摊4 000元
生产车间	2 200	
合计	4 000	

审核：张静　　　　　　　　　　　　　　　　　制单：王芳

实训2-27　分配制造费用

5月31日，分配并结转本月制造费用，填制制造费用分配表，有关原始凭证见表2-22。

表2-22　制造费用分配表

车间名称：　　　　　　　　　　　年　月　　　　　　　　单位：

分配对象	分配标准（工时）	分配率	分配金额
手机R1			
手机R2			
合计			

审核：　　　　　　　　　　　　　　　　　制单：

注：制造费用按产品生产工时分配，手机R1耗费工时800小时，手机R2耗费工时1 200小时。

■　知识链接

1．制造费用的概念及组成

（1）制造费用的概念　制造费用是指制造业企业为生产产品（或提供劳务）而发生的，应计入产品成本但没有专设成本项目的各项间接生产费用。期末，将所归集的制造费用按照一定的标准分配计入各成本核算对象，除季节性生产外，制造费用科目期末应无余额。

（2）制造费用的组成　制造费用包括物料消耗，车间管理人员的薪酬，车间管理用房屋和设备的折旧费、租赁费和保险费，车间管理用具摊销，车间管理用的照明费、水费、取暖费、劳动保护费、设计制图费、试验检验费、车间管理人员的差旅费、车间管理人员的办公费以及季节性及修理期间停工损失等。

2．制造费用的归集与分配

（1）制造费用的归集　制造费用应按生产车间设置"制造费用"账户进行归集，月末按照一定的方法从贷方分配转入有关成本计算对象，月末结转后无余额。

（2）制造费用的分配方法　制造费用应当按照车间分别进行分配，不应将各车间的制造费用汇总，在企业范围内统一分配。企业应当根据制造费用的性质，合理选择分配方法，通常采用的方法有生产工人工时比例法、生产工人工资比例法、机器工时比例法和按年度计划分配率分配法等。不同分配方法所采用的产品分配标准有产品生产工时总数或生产工人定额工时总数、生产工人工资总额、机器工时总数、产品计划产量的定额工时总数。具体选用哪种分配方法由企业自行决定，分配方法一经确定，不得随意变更，如需变更，应当在附注中予以说明。

（3）制造费用分配的计算过程

1）制造费用分配的计算过程是指将本月某车间归集的制造费用分配到相应成本计算对象的过程。

2）制造费用分配率的计算公式如下：

$$制造费用分配率 = \frac{待分配制造费用总额}{各产品分配标准的和}$$

3）某产品应分担的制造费用计算公式如下：

某产品应分担的制造费用 = 该产品的分配标准 × 制造费用分配率

微课2-5　制造费用的分配

实训2-28　计算完工产品与在产品成本

5月31日，手机R1全部完工验收入库，共计720台，无在产品；手机R2完工680台，完工产品已验收入库。手机R2在产品有120台，其中第一工序80台，第二工序40台，填制成本计算单及产成品入库单，有关原始凭证见表2-23、表2-24和图2-52。

表2-23　完工产品成本与在产品成本计算单（R1）

产品名称：

完工产品数量：

在产品数量：

在产品完工程度：　　　　　　　　年　月　　　　　　　　　　单位：元

摘要	直接材料	直接人工	制造费用	合计
期初在产品成本				
本月投入生产费用				
合计				
约当产量				
完工产品单位成本				
完工产品总成本				
月末在产品成本				

审核：　　　　　　　　　　　　　　　　　　　制单：

表2-24 完工产品成本与在产品成本计算单（R2）

产品名称：
完工产品数量：
在产品数量：
在产品完工程度： 年 月 单位：元

摘要	直接材料	直接人工	制造费用	合计
期初在产品成本				
本月投入生产费用				
合计				
约当产量				
完工产品单位成本				
完工产品总成本				
月末在产品成本				

审核： 制单：

产 成 品 入 库 单

交库单位： 年 月 日 仓库：
编号：501

产品编号	产品名称	规格	计量单位	数量		单位成本	总成本	备注
				送检	实收			

仓库主管： 保管员： 记账： 制单：

图2-52 产成品入库单

■ **知识链接**

完工产品与在产品成本的关系及分配方法如下：

1. 完工产品、在产品成本之间的关系

每月月末，当月"生产成本"明细账中已经按照成本项目归集了本月的生产成本，这些成本是指本月发生的生产成本，并不是本月完工产品的成本。

完工产品、在产品成本之间的关系如下：

本月完工产品的成本=本月发生的生产成本+月初在产品成本−月末在产品成本

2．完工产品与在产品成本的分配方法

分配方法概述。根据上述关系，结合生产特点，完工产品与在产品成本的分配方法通常有：不计算在产品成本法、在产品按固定成本计价法、在产品按所耗直接材料成本计价法、约当产量法、在产品按定额成本计价法、定额比例法、在产品按完工产品成本计价法等。这里仅介绍约当产量法。

约当产量法。采用约当产量法，应将月末在产品数量按其完工程度折算为相当于完工产品的产量，即约当产量，然后将产品应负担的全部成本按照完工产品产量与月末在产品约当产量的比例分配计算完工产品成本和月末在产品成本。这种方法适用于产品数量较多，各月在产品数量变化也较大，且生产成本中直接材料和直接人工等加工成本的比重相差不大的产品。计算公式如下：

$$在产品约当产量=在产品数量×完工程度$$

单位成本=（月初在产品成本+本月发生的生产成本）÷（完工产品产量+在产品约当产量）

$$完工产品成本=完工产品产量×单位成本$$

$$月末在产品成本=在产品约当产量×单位成本$$

或

月末在产品成本=月初在产品成本+本月发生的生产成本–完工产品成本

微课2-6　约当产量法

任务四　产品销售业务的核算

产品销售业务的核算实训

实训2-29　**销售产品，收回货款**

5月15日，济南新星电子科技有限公司向济南锐捷电器有限公司销售手机一批，开出的增值税专用发票上注明手机R1数量为100个，金额170 000元，增值税税额22 100元；手机R2数量为350个，金额700 000元，增值税税额91 000元。收到的转账支票已经存入银行。有关原始凭证如图2-53～图2-55所示。

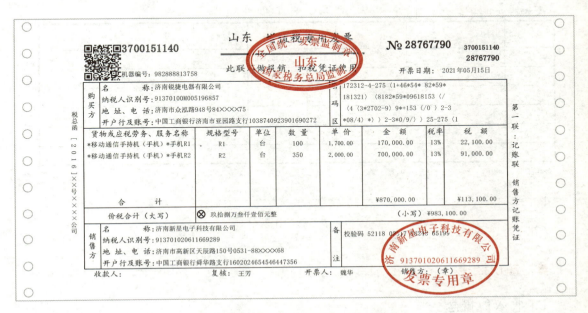

图2-53　增值税专用发票（记账联）

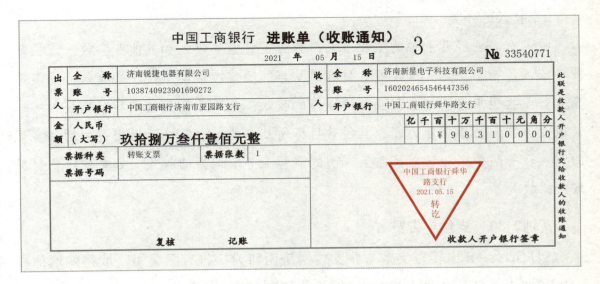

图2-54　银行进账单（收账通知）

出　库　单　　　　No. 56863700

购货单位：济南锐捷电器有限公司　　2021 年 05 月 15 日

编号	品　名	规　格	单位	数　量	单　价	金　额	备　注	
001	手机R1	R1	台	100				第一联
002	手机R2	R2	台	350				存根联
合			计					

仓库主管：刘壮　　记账：王芳　　保管：　　经手人：　　制单：

图2-55　出库单

■　知识链接

1．收入的概念

收入是指企业在日常活动中形成的、会导致所有者权益增加的、与所有者投入资本无关的经济利益的总流入。

2．收入的分类

收入按企业经营业务的主次不同，分为主营业务收入和其他业务收入。主营业务收入是指企业为完成其经营目标所从事的经常性活动所实现的收入，一般是企业营业执照上注明的主营业务所取得的收入，如工业企业的产品销售收入等。其他业务收入是指企业为完成其经营目标所从事的与经常性活动相关的活动实现的收入，一般是企业营业执照上注明的兼营业务所取得的收入，如企业销售材料取得的收入等。

实训2-30　支付广告费

5月16日，开出转账支票一张支付给济南科为广告有限公司，取得的增值税专用发票上注明广告费2 000元，增值税税额120元。有关原始凭证如图2-56～图2-58所示。

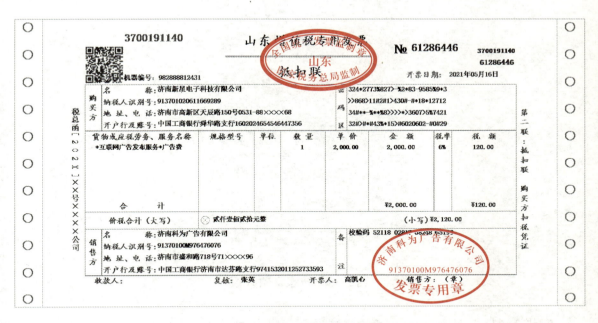

图2-56　增值税专用发票（抵扣联）

图2-57　增值税专用发票（发票联）

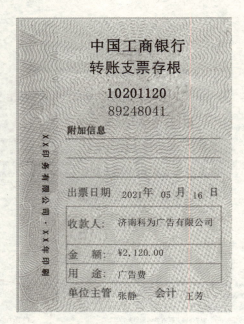

图2-58　转账支票存根

实训2-31　销售产品，货款尚未收回

5月17日，向济南华辰电器有限公司销售手机一批，开出的增值税专用发票上注明手机R1数量为700个，金额1 190 000元，增值税税额154 700元；手机R2数量为500个，金额1 000 000元，增值税税额130 000元。有关原始凭证如图2-59和图2-60所示。

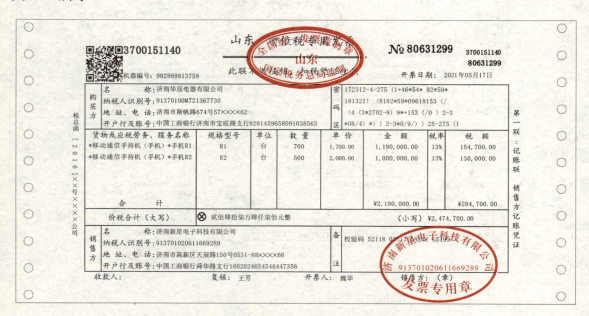

图2-59　增值税专用发票（记账联）

<table>
<tr><td colspan="9" style="text-align:center">出 库 单</td><td>No. 61673816</td></tr>
</table>

出　库　单　　　　No. 61673816

2021 年 05 月 17 日

购货单位：济南华辰电器有限公司

编号	品　名	规　格	单位	数量	单价	金　额	备注
001	手机R1	R1	台	700			
002	手机R2	R2	台	500			
合			计				

仓库主管：刘壮　　记账：王芳　　保管：　　经手人：　　制单：

第一联　存根联

图2-60　出库单

实训2-32　销售原材料，货款收回

5月18日，将多余的亚克力板销售给个人，开出的增值税普通发票上注明数量为100张，金额20 000元，增值税税额2 600元。对方以现金支付。有关原始凭证如图2-61～图2-63所示。

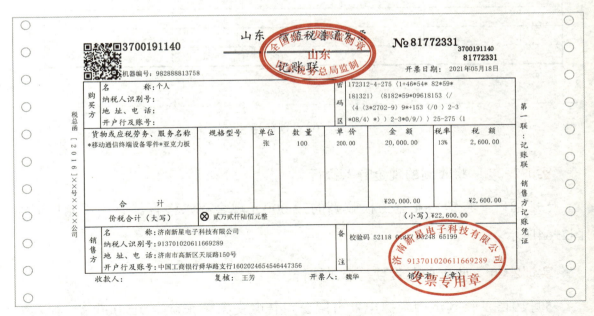

图2-61　增值税普通发票（记账联）

收 款 收 据 NO.9040674

2021 年 05 月 18 日

今 收 到	王海涛
交 来	亚克力板材料款 现金收讫
金额（大写）	零 拾 贰 万 贰 仟 陆 佰 零 拾 零 元 零 角 零
￥ 22,600.00	收款单位（公章）

核准 张静　　会计 王芳　　记账 王芳　　出纳 魏华　　经办人

第一联 存根

（盖章：济南新星电子科技有限公司 账务专用章）

图2-62 收款收据

领 料 单

领料部门：销售部门

用 途：对外销售　　　　2021 年 05 月 18 日　　　　编号：660

材料编号	材料名称	规格	计量单位	数 量		成 本	
				请领	实发	单价	金额
	亚克力板		张	100	100		
合 计				100	100		

主管：　　　记账：　　　仓管主管：刘壮　　　领料：梁浩宇　　　发料：

图2-63 领料单

实训2-33　将收到的现金存入银行

5月18日，将销售亚克力板收到的22 600元现金存入银行。有关原始凭证如图2-64所示。

实训2-34　收到前欠货款，存入银行

5月19日，收到济南锐捷电器有限公司转账支票一张，金额5 000元，存入银行。有关原始凭证如图2-65所示。

中国工商银行　　　　现金缴款单

入账日期：2021年05月18日

地区号：784175　　　　时间：11:00:00

收款人户名：　济南新星电子科技有限公司

收款人账号：　1602024654546447356

收款人开户行：　中国工商银行舜华路支行

币种：　人民币(本位币)　　　　　　　金额（小写）：　22,600.00

金额（大写）：　贰万贰仟陆佰元整

摘要：　材料销售款　　　　　　　　　渠道：

交易机构号：　362195　　　　记账柜员：21363　　　　交易代码：2644

缴款人：　魏华　　　　券别：100元　张数：226　券别：　　　张数：

客户填写	收款人户名	济南新星电子科技有限公司																
	收款人账号	1602024654546447356			收款人开户行	中国工商银行舜华路支行												
	缴款人	魏华			款项来源	材料销售款												
	币种（√）	人民币☑	大写：贰万贰仟陆佰元整					亿	千	百	十	万	千	百	十	元	角	分
		外币：								￥	2	2	6	0	0	0	0	0
	券别	100元	50元	20元	10元	5元	2元	1元				辅币（金额）						
		226																

图2-64　现金缴款单

中国工商银行　进账单（收账通知）　3　№68597096

2021 年 05 月 19 日

出票人	全称	济南锐捷电器有限公司	收款人	全称	济南新星电子科技有限公司										
	账号	1038740923901690272		账号	1602024654546447356										
	开户银行	中国工商银行济南市亚园路支行		开户银行	中国工商银行舜华路支行										
金额	人民币（大写）	伍仟元整				亿	千	百	十	万	千	百	十	元	角	分
										￥	5	0	0	0	0	0
票据种类	转账支票	票据张数	1												
票据号码															

中国工商银行舜华
路支行
2021.05.19
转讫

复核　　　记账　　　　　　　　　　　收款人开户银行签章

此联是收款人开户银行交给收款人的收账通知

图2-65　银行进账单（收账通知）

微课2-7   产品销售业务的核算

实训2-35   结转产品销售成本

5月31日，结转产品销售成本，有关原始凭证见表2-25和表2-26。结转产品销售成本时采用月末一次加权平均法计算单位成本。

表2-25   单位产品成本计算表

年   月   日

产品名称	期初产成品		本月退回及完工产品		加权平均单价
	数量（台）	金额（元）	数量（台）	金额（元）	
手机R1					
手机R2					

编制：王芳   审核：张静

表2-26   产品销售成本结转表

年   月   日

项目	手机R1			手机R2		
	数量（台）	单位成本	总成本（元）	数量（台）	单位成本	总成本（元）
销售						
合计						

编制：王芳   审核：张静

微课2-8   结转产品销售成本

■   温馨提示

完工产品的数量和金额请先完成任务三实训2-28中的相关计算，在实际业务中，结转产品销售成本是在计算完工产品成本之后进行的。

实训2-36　结转材料销售成本

5月31日，结转材料销售成本，有关原始凭证见表2-27。

表2-27　材料费用分配表

年　　月　　日

分配对象	电路板			芯片			亚克力板			其他材料			合计
	数量	单价	金额	数量	单价	金额	数量	单价	金额	数量	单价	金额	
对外销售													
合计													

■　**温馨提示**

材料单价请先完成任务三中实训2-19的相关计算，在实际业务中，结转材料销售成本是在计算发出材料成本和分配材料费用时一并核算处理的。

实训2-37　计算本月应交增值税

5月31日，计算本月应交增值税，有关原始凭证见表2-28。

表2-28　应交增值税计算表

年　　月　　日

一、增值税	金额（元）
销项税额	
进项税额	
上期留抵税额	
进项税额转出	
应纳税额	
期末留抵税额	
简易计税方法计算的应纳税额	
应纳税额减征额	
应纳税额合计	

编制：王芳　　　　　　　　　　　　　　　　　　　审核：张静

■ 知识链接

1. 增值税的概念及特点

增值税是以商品（或应税劳务）在流转过程中产生的增值额作为计税依据而征收的一种流转税。从计税原理上来说，增值税是对商品生产、商品流通、提供劳务服务中多个环节的新增价值或商品的附加值征收的一种流转税，有增值才征税，没有增值不征税。增值税是价外税，即计算税额的基数不包括税款本身。

2. 增值税纳税人的分类

在我国境内销售货物，提供加工、修理修配劳务销售服务，无形资产、不动产以及进口货物的单位和个人，为增值税纳税人。增值税纳税人根据经营规模及会计核算的健全程度不同，分为一般纳税人和小规模纳税人。

3. 增值税一般纳税人应纳税额的计算方法

增值税一般纳税人的计税方法采用购进扣税法（亦称税款抵扣制），即按当期销项税额和进项税额的差额计算应纳税额。对于提供公共交通运输服务等特定行为的一般纳税人可以选择简易计税方法。

增值税一般纳税人当期应纳税额的具体计算公式如下：

应纳税额=当期销项税额−（当期进项税额+上期留抵税额−进项税额转出）

应纳税额合计=应纳税额+简易计税方法计算的应纳税额−应纳税额减征额

实训2-38 **计算本月应交城市维护建设税、教育费附加**

5月31日，计算本月应交城市维护建设税、教育费附加，有关原始凭证见表2-29。

表2-29　城市维护建设税及教育费附加计算表

年　月　日

税种	计税依据（元）	税率	税额（元）
城市维护建设税			
教育费附加			

编制：王芳　　　　　　　　　　　　　审核：张静

■ **知识链接**

1．城市维护建设税的概念

城市维护建设税是以纳税人实际缴纳的流转税额为计税依据征收的一种税，纳税环节确定在纳税人缴纳的增值税、消费税的环节上，从商品生产到消费流转过程中只要发生增值税、消费税其中一种纳税行为，就要以这种税为依据计算缴纳城市维护建设税。

2．城市维护建设税的税率

城市维护建设税税率如下：

纳税人所在地在市区的，税率为7%；纳税人所在地在县城、镇的，税率为5%；纳税人所在地不在市区、县城或者镇的，税率为1%。

3．城市维护建设税应纳税额的计算

计算公式为

应纳税额＝（实际缴纳的增值税+实际缴纳的消费税）×适用税率

4．教育费附加及其应纳税额的计算

教育费附加以各单位和个人实际缴纳的增值税、消费税的税额为计税依据，教育费附加率为3%，分别与增值税、消费税同时缴纳。

教育费附加的计算公式为

教育费附加＝（实际缴纳的增值税+实际缴纳的消费税）×教育费附加率

微课2-9　增值税及附加税费的核算

任务五　财产清查业务的核算

实训2-39　**库存现金的清查（填制库存现金盘点表）**

5月31日，济南新星电子科技有限公司进行库存现金清查时发现库存现金短缺1000元。有关原始凭证见表2-30。

表2-30 库存现金盘点表

库 存 现 金 盘 点 表

2021 年 05 月 31 日 单位：元

票面额	张数	金额	票面额	张数	金额
壹佰元	194	19,400.00	伍 角	0	0.00
伍拾元	0	0.00	贰 角	0	0.00
贰拾元	2	40.00	壹 角	4	0.40
拾 元	0	0.00	伍 分	0	0.00
伍 元	0	0.00	贰 分	0	0.00
贰 元	0	0.00	壹 分	0	0.00
壹 元	2	2.00	合 计	202	¥19,442.40
库存现金日记账账面余额：¥20,442.40					
差额：¥-1,000.00					
处理意见： 其中300元属于出纳魏华保管不善造成的损失，另外700元短缺原因不明。					
审批人（签章）：张静 临盘人（签章）：王芳 盘点人（签章）：魏华					

■ 知识链接

库存现金清查的方法主要是实地盘点，将库存现金实存数与库存现金日记账进行核对，将清查结果编制库存现金盘点报告表。

库存现金清查主要包括两种情况。

（1）经常性的清查 由出纳人员每日清点库存现金实有数，并与库存现金日记账的账面余额核对。

（2）定期或不定期的清查 由清查小组对库存现金进行定期或不定期清查。清查时，出纳人员必须在场，库存现金由出纳人员经手盘点，清查人员从旁监督。同时，清查人员还应认真审核库存现金收付款凭证和有关账簿，检查财务处理是否合理合法，账簿记录有无错误，以确定账存与实存是否相符等。

实训2-40 库存现金清查结果的处理

5月31日，经查实，短缺现金中的300元属于出纳魏华保管不善造成的损失，另外700元短缺原因不明。企业决定由魏华交纳现金赔偿款300元。有关原始凭证见表2-31和图2-66。

表2-31　库存现金盘点报告表

库存现金盘点报告表

2021 年 05 月 31 日

实存金额	账存金额	盘盈	盘亏	备注
19,442.40	20,442.40		1,000.00	

盘点人（签章）：张静　　　　　　　　　　　　出纳员（签章）：魏华

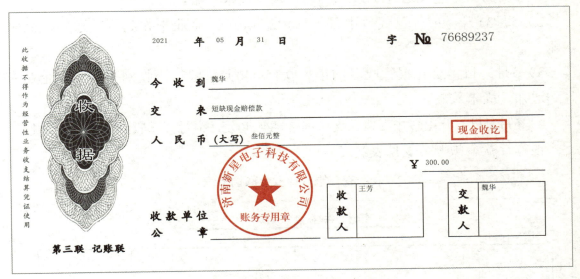

图2-66　现金赔偿收款收据

■ 知识链接

现金清查具体账务处理方法如下：

若为现金短缺，属于应由责任人赔偿的部分，借记"其他应收款"账户，贷记"待处理财产损溢——待处理流动资产损溢"账户；属于无法查明的其他原因，根据管理权限，经批准后处理，借记"管理费用"账户，贷记"待处理财产损溢——待处理流动资产损溢"账户。

若为现金溢余，属于应支付给有关人员或单位的部分，借记"待处理财产损溢——待处理流动资产损溢"账户，贷记"其他应付款"账户；属于无法查明原因的现金溢余，经批准后处理，借记"待处理财产损溢——待处理流动资产损溢"账户，贷记"营业外收入"账户。

微课2-10　财产清查业务的核算（一）

实训2-41　**银行存款的清查（编制银行存款余额调节表）**

5月31日，企业银行存款日记账余额935 731.90元，银行送来的对账单余额为944 378.36元。经核对，发现以下未达账项：

1）5月31日，企业送存支票5 000元，银行尚未入账。

2）5月31日，银行已代付本月电话费3 200元，企业未收到付款通知，尚未入账。

3）5月31日，委托银行收取的销售款15 000元，银行已收到并入账，企业未收到通知，尚未入账。

4）5月31日，开出转账支票，支付水费1 846.46元，银行尚未收到支票，未入账。

银行存款余额调节表见表2-32。

表2-32　银行存款余额调节表

<table>
<tr><td colspan="4" align="center">银行存款余额调节表</td></tr>
<tr><td>编制单位：</td><td align="center">年　　月　　日止</td><td></td><td align="right">单位：元</td></tr>
<tr><td align="center">项目</td><td align="center">金额</td><td align="center">项目</td><td align="center">金额</td></tr>
<tr><td>企业银行存款日记账余额</td><td></td><td>银行对账单余额</td><td></td></tr>
<tr><td>加：银行已收、企业未收的款项合计</td><td></td><td>加：企业已收、银行未收的款项合计</td><td></td></tr>
<tr><td>减：银行已付、企业未付的款项合计</td><td></td><td>减：企业已付、银行未付的款项合计</td><td></td></tr>
<tr><td align="center">调节后的余额</td><td></td><td align="center">调节后的余额</td><td></td></tr>
</table>

■　**知识链接**

1. 清查方法

银行存款的清查是采用与开户银行核对账目的方法进行的，即将本单位银行存款日记账的记录与开户银行送来的对账单逐笔进行核对，查明银行存款的实有数额。银行存款的清查一般在月末进行。

2．银行存款清查账实不符的原因

1）双方或一方记账出现了差错。

2）在银行与企业双方的记账均无差错的情况下，未达账项的存在造成双方记录的银行存款余额不一致。

3．未达账项

未达账项，是指企业和银行之间，由于记账时间不一致而发生的一方已经入账，另一方尚未入账的事项，主要包括以下4种情况：

1）企业已收款入账，而银行未收款未记账的款项。

2）企业已付款入账，而银行未付款未记账的款项。

3）银行已收款入账，而企业未收到通知未记账的款项。

4）银行已付款入账，而企业未收到通知未记账的款项。

4．清查步骤

1）将本单位银行存款日记账与银行对账单，以结算凭证的种类、号码和金额为依据，逐日逐笔核对。凡双方都有记录的，用铅笔在金额旁画上记号"√"。

2）找出未达账项（即银行存款日记账和银行对账单中没有画"√"的款项）。

3）将银行存款日记账和银行对账单的月末余额及找出的未达账项填入"银行存款余额调节表"，并计算出调整后的余额。

4）将调整平衡的"银行存款余额调节表"，经主管会计签章后，呈报开户银行。

5．银行存款余额调节表的编制

编制"银行存款余额调节表"有两种方法。一是编制简单调节表，即就某月份银行对账单余额与企业银行存款日记账账面余额的差异做简单的加减调节。二是编制四栏式调节表，即分四栏分别调节企业账面存款与银行账面存款的期初余额、本期收入、本期支出和期末余额。我国企业通常采用第一种方法，即编制简单调节表。

6．银行存款余额调节表的作用

1）银行存款余额调节表是一种对账记录或对账工具，不能作为调整账面记录的依据，即不能根据银行存款余额调节表中的未达账项来调整银行存款账面记录，未达账项只有在收到有关凭证后才能进行账务处理。

2）调节后的余额如果相等，通常说明企业和银行的账面记录一般没有错误，该余额通常为企业的银行存款实有数。

3）调节后的余额如果不相等，通常说明一方或双方记账有误，需进一步追查，查明原因后予以更正和处理。

4）凡有几个银行账户以及开设有外币存款账户的单位，应分别按存款账户开设"银行存款日记账"。

每月月底，应分别将各账户的"银行存款日记账"与各账户的"银行对账单"核对，并分别编制各账户的"银行存款余额调节表"。

微课2-11　财产清查业务的核算（二）

实训2-42　财产清查结果的核算

5月31日，企业对原材料进行清查，发现有5个价值合计3 000元的芯片因暴雨淋湿而损坏，无法使用。经查明，这属于非正常原因造成的损失，收到保险公司的赔款2 500元。有关原始凭证见表2-33、表2-34及图2-67。

表2-33　原材料盘点汇总表

2021　年05　月原材料盘点汇总表

编制单位：济南新星电子科技有限公司　　盘点部门：原材料库　　2021　年　05　月　31　日　　　　　　单位：元

商品名称	计量单位	账存数量	实盘数量	盘盈/盘亏数	单价	金额	备注
芯片	个	150	145	-5	600	-3 000.00	
合计						-3 000.00	

会计主管：张静　　　　　　监盘人：王芳　　　　　　盘点人：刘丽

表2-34 存货盘点报告表

存货盘点报告表

2021 年 05 月 31 日

企业名称： 济南新星电子科技有限公司

编号	财产名称	单位	单价	数量		盘盈		盘亏		盈亏原因
				账存	实存	数量	金额	数量	金额	
1	芯片	个	600.00	150	145			5	3,000.00	暴雨淋湿
财务部门处理意见	暴雨淋湿损坏无法使用，属于非正常原因造成的损失，收到保险公司的赔款2,500元									
单位主管部门批复	同意处理									

审核人：张静 监盘人： 刘壮 盘点人：李姿

收 款 收 据 NO.1452163

2021 年 05 月 31 日

今 收 到 ： 安邦保险济南分公司

交 来 ： 财产损失赔款 现金收讫

金额（大写）： 零拾零万贰仟伍佰零拾零元零角零分

¥ 2,500.00 收款单位（公章）

第一联存根

核准 张静 会计 王芳 记账 王芳 出纳 魏华 经办人

图2-67 收款收据

■　知识链接

1．存货清查的方法

企业进行存货清查盘点时，应在对存货清查前，将各存货明细账登记齐全，账证核对、账账核对相符，在此基础上通过点数、过磅、量尺寸等方法确定各种存货的实存数量，进行账实核对。发现账实不符或有超储积压、残损变质的存货，要进一步找出原因，分清责任。对于存货清查的结果，应编制"存货盘点报告表"，将账实不符的存货记入表内，列出盘盈或盘亏的数量，并注明盘盈或盘亏的原因，报企业领导和有关部门审批。"存货盘点报告表"应作为存货清查的原始凭证。对于盘盈、盘亏的存货要通过"待处理财产损溢"科目核算，查明原因后进行处理。

2．存货清查的账务处理

（1）存货盘盈的账务处理　企业发生存货盘盈时，借记"原材料""库存商品"等账户，贷记"待处理财产损溢"账户；在按照管理权限审批后，借记"待处理财产损溢"账户，贷记"管理费用"账户。

【提示】盘盈的存货，按重置成本确定其入账价值。

报经批准前：

借：原材料（或库存商品等）

　　贷：待处理财产损溢

报经批准后：

借：待处理财产损溢

　　贷：管理费用

（2）存货盘亏的账务处理　企业发生存货盘亏时，借记"待处理财产损溢"账户，贷记"原材料""库存商品"等账户。在按照管理权限审批后，应做如下账务处理：

对于入库的残料，计入"原材料"等；对于应由保险公司和过失人赔款的，计入"其他应收款"；扣除残料价值和应由保险公司、过失人赔偿后的净损失，属于一般经营损失的部分，计入"管理费用"，属于非常损失的部分，计入"营业外支出"。

非正常损失审批前：

借：待处理财产损溢

　　贷：原材料（或库存商品等）

　　　　应交税费——应交增值税（进项税额转出）

【提示1】根据《中华人民共和国增值税暂行条例》及其实施细则的规定，非正常损失的购进货物或相关的应税劳务的进项税额不得从销项税额中抵扣。企业应将这部分进项税额转出。所谓非正常损失，是指因管理不善造成货物被盗、丢失、霉烂变质，以及因违反法律法规造成货物或者不动产被依法没收、销毁、拆除的情形。

【提示2】如果材料的毁损是因自然灾害造成的，进项税额可以从销项税额中抵扣，不做转出处理。

经过审批后：

借：银行存款（残料变现）

　　原材料（残料入库）

　　其他应收款（应收保险公司和过失人的赔款）

　　管理费用（一般经营损失或收发计量）

　　营业外支出（自然灾害毁损部分）

　　贷：待处理财产损溢

微课2-12　财产清查业务的核算（三）

任务六　利润形成和分配业务的核算

实训2-43　收到违约金罚款利得

5月21日，企业收到现金200元，系本企业职工交来的罚款。有关原始凭证如图2-68所示。

图2-68 收款收据

■ 知识链接

营业外收入的概念及内容

营业外收入是指企业发生的与其日常活动无直接关系的各项利得。营业外收入主要包括：部分资产的盘盈利得、捐赠利得、罚没利得、与企业日常活动无关的政府补助等。

实训2-44 向地震地区捐款

5月22日，企业开出金额10 000元的转账支票一张给济南市红十字会，作为捐款。有关原始凭证如图2-69所示。

图2-69 转账支票存根联

■　**知识链接**

营业外支出的概念和内容

营业外支出是指企业发生的与其日常活动无直接关系的各项损失，主要包括公益性捐赠支出、盘亏损失、非常损失、罚款支出等。

实训2-45　损益结转

5月31日，结转各损益类账户。有关原始凭证见表2-35。

表2-35　损益类账户发生额

年　　月　　日

单位：元

收入类账户	借方发生额	贷方发生额	费用类账户	借方发生额	贷方发生额
主营业务收入			主营业务成本		
其他业务收入			其他业务成本		
投资收益			税金及附加		
公允价值变动收益			销售费用		
资产处置收益			管理费用		
其他收益			财务费用		
营业外收入			资产减值损失		
			营业外支出		
合计			合计		

编制：王芳　　　　　　　　　　　　　　　　　　审核：张静

要求：1）结转收入类账户的发生额。

　　　2）结转费用类账户的发生额。

■　**知识链接**

本年利润结转的方法：

会计期末可采用"表结法"和"账结法"两种方法结转本年利润。

表结法下，各损益类账户每月月末只需要结计出本月发生额和月末累计余额，不需要将余额结转到"本年利润"账户，只有在年末时才将全年累计余额转入"本年利润"账户。但是，每月月末要将损益类账户的本月发生额合计数填入利润表的本月数栏，同时将本月末累计余额填入利润表的本年累计数栏，通过利润表计算反映各期的利润（或亏损）。表结法下，年中损益类账户无须结转入

"本年利润"账户，从而减少了转账环节和工作量，同时并不影响利润表的编制及有关损益指标的利用。

账结法下，每月月末均需要编制转账凭证，将在账上结计出的各损益类账户的余额转入"本年利润"账户。结转后"本年利润"账户的本月余额反映当月实现的利润或发生的亏损，"本年利润"账户的本年余额反映本年累计实现的利润或发生的亏损。账结法在各月均可通过"本年利润"账户提供当月及本年累计的利润（或亏损）额，但增加了损益结转环节的工作量。

目前，我国一些应用广泛的财务系统多采用账结法，本书亦采用账结法进行实训。

实训2-46　计算所得税

5月31日，计算并结转应缴纳的所得税。有关原始凭证见表2-36。

表2-36　月度应交企业所得税计算表
年　月　日

项目	金额（元）
营业收入	
营业成本	
利润总额	
减：不征税收入	
免税收入	
弥补以前年度亏损	
实际利润额	
税率（25%）	
应纳所得税额	
减：减免所得税额	
减：实际已预缴所得税额	
应补（退）所得税额	
减：以前年度多缴在本期抵缴的所得税额	
本期实际应补（退）所得税额	

编制：王芳　　　　　　　　　　　　　　　　　　　审核：张静

■　**知识链接**

1．企业所得税的税率

在中华人民共和国境内的企业和其他取得收入的组织为企业所得税的纳税人，应依照规定缴纳企业所得税。现行企业所得税的税率为25%。

2．企业的应纳税所得额和应纳税额

企业每一纳税年度的收入总额，减除不征税收入、免税收入、各项扣除以及允许弥补的以前年度亏损后的余额，为应纳税所得额。企业的应纳税所得额乘以适用税率，减去依照税收优惠的规定减免和抵免的税额后的余额，为应纳税额。

3．企业所得税的缴纳规定

企业所得税实行按纳税年度计算，按月或者按季预缴，年终汇算清缴，多退少补的缴纳办法。

实训2-47　**计算净利润**

5月31日，计算本月的净利润。有关原始凭证见表2-37。

表2-37　月度利润计算表

年　月　日

项目	金额（元）
营业收入	
营业成本	
营业利润	
利润总额	
净利润	

编制：王芳　　　　　　　　　　　　　　　　审核：张静

■　**知识链接**

1．利润的概念

利润是指企业在一定会计期间的经营成果。利润包括营业利润、利润总额和净利润三个组成部分。

2．利润的计算

利润的计算公式如下：

营业利润=营业收入−营业成本−税金及附加−销售费用−管理费用−财务费用−研发费用−资产减值损失等+公允价值变动收益（−公允价值变动损失）+投资收益（−投资损失）+资产处置收益（−资产处置损失）+其他收益

其中：

营业收入=主营业务收入+其他业务收入

营业成本=主营业务成本+其他业务成本

利润总额=营业利润+营业外收入−营业外支出

净利润=利润总额−所得税费用

微课2-13　利润的形成

实训2-48　提取盈余公积

12月31日，计算出企业全年实现净利润10 000 000元，无须弥补以前年度亏损，直接提取法定盈余公积。有关原始凭证见表2-38。

表2-38　盈余公积计算表

年　月　日

盈余公积	计提基数	计提比例	计提金额
法定盈余公积			

编制：王芳　　　　　　　　　　　　　　　　　　　　审核：张静

【提示】利润分配的业务一般是在年底进行的，即根据全年实现的净利润来决定利润的分配数额，因此从本业务开始发生的时间为12月31日。

■　知识链接

1．利润分配的概念及可供分配利润的计算

利润分配是指企业根据国家有关规定和企业章程、投资者协议等，对企业当年可供分配的利润所进行的分配。如果可供分配的利润为负数（即累计亏损），则不能进行后续分配；如果可供分配的利润为正数（即累计盈利），则进行后续分配。

$$可供分配\atop 的利润 = 当年实现\atop 的净利润 + 年初未分配\atop 利润 \left(- 年初未弥补\atop 亏损\right) + 其他\atop 转入$$

2．利润分配的顺序

利润分配的顺序依次是：①提取法定盈余公积；②提取任意盈余公积；③向投资者分配利润。

盈余公积是指企业按照规定从净利润中提取的各种积累资金，公司制企业的盈余公积包括法定盈余公积和任意盈余公积。法定盈余公积，是指按照企业净利润和法定比例计提的盈余公积。它的提取比例一般为净利润的10%，当法定盈余公积累计金额达到企业注册资本的50%以上时，可以不再提取。值得注意的是，提取盈余公积的基数，不是可供分配的利润，也不一定是本年的税后利润，而是按抵减年初累计亏损后的本年净利润。

企业提取盈余公积主要可以用于以下几个方面：①弥补亏损；②转增资本；③扩大生产经营。

实训2-49　向投资者分配利润

12月31日，经股东大会决议，向济南泰达电子科技有限公司分配利润100 000元。有关原始凭证如图2-70所示。

> **股东大会决议**
>
> 　　经全体股东审议，一致通过如下决议：本公司截至2021年12月31日的未分配利润为5 783 000.00元，现向济南泰达电子科技有限公司分配利润100 000元。
> 　　董事签名：李建国、孙长林
>
> 　　　　　　　　　　　　　　　　　　　　　　　　　　　　　2021年12月31日

图2-70　股东大会决议（利润分配）

实训2-50　将盈余公积转增注册资本

12月31日，经股东大会决议，用盈余公积200 000元，按各投资者原出资比例转增资本。有关原始凭证见图2-71。

> **股东大会决议**
>
> 　　经全体股东审议，一致通过如下决议：本公司决定用盈余公积200 000元，按各投资者原出资比例转增资本。
> 　　股东签名：李建国、孙长林
>
> 　　　　　　　　　　　　　　　　　　　　　　　　　　　　　2021年12月31日

图2-71　股东大会决议（转增资本）

微课2-14　利润的分配

项 目 总 结

1．知识准备

资金筹集业务、物资采购业务、产品生产业务、产品销售业务、财产清查业务、利润形成和分配业务的核算方法。

2．项目实训

填制和审核原始凭证及记账凭证、登记账簿、成本计算、财产清查等会计工作的技能和方法。

项目二　编制财务报表

项目描述

　　会计核算方法一般包括设置账户、复试记账、填制和审核凭证、登记账簿、成本计算、财产清查和编制财务报告。这些专门方法组成了一个完整的会计核算方法体系。其中，编制财务报告处在会计核算的最后一个环节，其目的是向投资者、债权人、政府机关、本企业职工和供应商等提供对决策有用的财务信息，以促进社会资源的合理配置。财务报告要能反映出企业某一特定日期的财务状况和某一会计期间的经营成果、现金流量以及其他相关信息和资料。通常，企业的财务报告包括"四表一注"，即资产负债表、利润表、现金流量表、所有者权益变动表和附注。根据中等职业教育会计专业教学大纲的要求，本着易学够用的原则，本项目只设置两个任务：编制资产负债表和编制利润表。通过完成本项目，帮助学生了解2019年颁布的最新的资产负债表和利润表的格式，认知完整的会计循环，参与两大主要报表的编制过程实训，巩固理论知识，提高实践技能。

学习目标

1. 知识目标

1）了解资产负债表的结构、特点、作用、编制依据，掌握资产负债表各项目的填列方法。

2）了解利润表的结构、特点、作用、编制依据，掌握利润表各项目的填列方法。

2. 能力目标

1）认知资产负债表和利润表。

2）能够根据账户资料整理编制报表的数据资料。

3）能够准确无误地编制资产负债表和利润表。

3. 情感目标

培养学生的会计职业道德，帮助学生树立严格按照真实合法的会计账簿等资料编制财务报告的意识，在日后的工作中为会计信息使用者提供准确真实的会计信息，不做假账。

情智故事

中国经济环境的清洁师 | 坚守职业道德

刘姝威，中央财经大学财经研究所研究员，被评为中央电视台"2002 CCTV中国经济年度人物"和"感动中国2002年度人物"。刘姝威是于2001年10月9日，即在《上市公司虚假会计报表识别技术》一书的写作过程中，开始对上市公司蓝田股份的财务报告进行分析的。刘姝威认为：蓝田股份的短期偿债能力很弱，已经成为一个空壳，完全依靠银行的贷款在维持生存，这是非常危险的。于是，她写了一篇短文《应立即停止对蓝田股份发放贷款》。2001年10月26日，《金融内参》刊登了这篇600字的短文。此后不久，有关银行相继停止对蓝田股份发放新的贷款，进而引发了轰动全国的"蓝田事件"。"蓝田事件"为刘姝威带来过诉讼和人身威胁，也成为终结"蓝田神话"的"最后一根稻草"。

CCTV的颁奖辞称：她用自己的大智大勇向一个虚假的神话提出质疑，面对一个强大的集团，面对一张深不可测的网，面对死亡的威胁，她以自己个人的力量坚持着这场强弱悬殊的战争，坚守着正义和良心的壁垒。正是这种中国知识分子的风骨，推动了中国股市早日走上正轨，推动了中国经济的发展。

思想感悟 良好的道德品格是展现才能的前提。古人云："才者，德之资也；德者，才之帅也。"社会发展真正需要的是德智并行的人才。作为财务工作者应能够恰当地组织企业的会计核算工作，通过定期提供的财务报表，合理地、如实地反映企业的财务状况与经营成果及现金流量情况。

项目实训

企业主要经济业务的核算模拟实训——财务报表的编制

■ 业务背景

通过本模块项目一的模拟实训，已形成了济南新星电子科技有限公司2021年5月的账户资料，包括账户发生额数据和账户余额数据，本项目实训根据形成的账户资料来完成。

■ 资料准备

1）总账及明细账账户余额表。

2）各损益类账户发生额表。

■ 实训要求

在完成项目一实训的基础上进行如下操作：

1）将项目一实训的各账户期末余额整理到"2021年5月31日账户余额表"上，包括总账账户余额和明细账账户余额。

2）根据账户余额表编制济南新星电子科技有限公司2021年5月31日资产负债表。

3）将项目一实训的各损益类账户发生额整理到"2021年5月损益类账户发生额表"上。

4）根据"2021年5月损益类账户发生额表"编制济南新星电子科技有限公司2021年5月的利润表。

5）在编制过程中做到：

①树立严谨的工作作风，认真仔细不马虎。

②要善于学习，勤于思考，准确地填好报表中的每一个项目。

任务一　编制资产负债表

知识准备

一、财务报表的概念及构成

财务报表是对企业财务状况、经营成果和现金流量的结构性表述。一套完整的财务报表至少应当包括资产负债表、利润表、现金流量表、所有者权益（或股东权益）变动表以及附注。

二、资产负债表的概念及格式

1. 资产负债表的概念

资产负债表是反映企业在某一特定日期的财务状况的报表。通过资产负债表，可以反映企业在某一特定日期所拥有或控制的经济资源、所承担的现时义务和所有者对净资产的要求权，帮助财务报表使用者全面了解企业的财务状况、分析企业的偿债能力等情况，从而为其做出经济决策提供依据。

2. 资产负债表的格式

资产负债表主要反映资产、负债和所有者权益三方面的内容，并满足"资产=负债+所有者权益"这一平衡等式。

我国企业的资产负债表采用账户式结构，分为左右两方，左方为资产项目，大体按资产的流动性大小排列，右方为负债及所有者权益项目，一般要求按清偿时间的先后顺序排列。

项目实训

实训2-51　编制资产负债表

5月31日，编制济南新星电子科技有限公司2021年5月31日资产负债表。资产负债表空表见表2-39。

表2-39　资产负债表

编制单位：　　　　　　　　　　年　　月　　日　　　　　　　　单位：元

资产	期末余额	上年年末余额	负债和所有者权益（或股东权益）	期末余额	上年年末余额
流动资产：			**流动负债：**		
货币资金			短期借款		
交易性金融资产			交易性金融负债		
衍生金融资产			衍生金融负债		
应收票据			应付票据		
应收账款			应付账款		
应收款项融资			预收款项		
预付款项			合同负债		
其他应收款			应付职工薪酬		
存货			应交税费		
合同资产			其他应付款		
持有待售资产			持有待售负债		
一年内到期的非流动资产			一年内到期的非流动负债		
其他流动资产			其他流动负债		
流动资产合计			**流动负债合计**		
非流动资产：			**非流动负债：**		
债权投资			长期借款		
其他债权投资			应付债券		
长期应收款			其中：优先股		
长期股权投资			永续债		

（续）

资产	期末余额	上年年末余额	负债和所有者权益（或股东权益）	期末余额	上年年末余额
其他权益工具投资			租赁负债		
其他非流动金融资产			长期应付款		
投资性房地产			预计负债		
固定资产			递延收益		
在建工程			递延所得税负债		
生产性生物资产			其他非流动负债		
油气资产			非流动负债合计		
使用权资产			**负债合计**		
无形资产			所有者权益（或股东权益）		
开发支出			实收资本（或股本）		
商誉			其他权益工具		
长期待摊费用			其中：优先股		
递延所得税资产			永续债		
其他非流动资产			资本公积		
非流动资产合计			减：库存股		
			其他综合收益		
			专项储备		
			盈余公积		
			未分配利润		
			所有者权益（或股东权益）合计		
资产总计			**负债和所有者权益（或股东权益）总计**		

■　**知识链接**

1．资债表的编制依据

资产负债表的编制依据是各账户的期末余额，包括总账账户和有关明细账账户的期末余额。

2．资债表的主要项目的填列方法

1）货币资金="库存现金"余额+"银行存款"余额+"其他货币资金"余额。

2）交易性金融资产＝"交易性金融资产"科目的相关明细科目期末余额分析得出的金额。

3）应收账款＝应收账款所属明细账的借方余额合计＋预收账款所属明细账的借方余额合计－相关的坏账准备。

4）预付款项＝预付账款所属明细账的借方余额合计＋应付账款所属明细账的借方余额合计－相关的坏账准备。

5）其他应收款＝"应收利息"＋"应收股利"＋"其他应收款"科目的期末余额合计－"坏账准备"科目相关金额。

6）存货＝"在途物资"余额＋"材料采购"余额＋"原材料"余额＋"低值易耗品"余额＋"库存商品"余额＋"包装物"余额＋"发出商品"余额＋"委托加工物资"余额＋"生产成本"余额＋"委托代销商品"余额＋"材料成本差异"余额＋"受托代销商品"余额－"存货跌价准备"余额－"受托代销商品款"余额。

7）固定资产＝"固定资产"余额－"累计折旧"余额－"固定资产减值准备"余额＋"固定资产清理"余额。

注："固定资产清理"账户，如果余额在借方，则加正数；如果余额在贷方，则加负数。

8）在建工程＝"在建工程"期末余额－"在建工程减值准备"余额＋"工程物资"期末余额－"工程物资减值准备"余额。

9）无形资产＝"无形资产"期末余额－"累计摊销"余额－"无形资产减值准备"余额。

10）开发支出＝"研发支出——资本化支出"明细科目期末余额。

11）长期待摊费用＝"长期待摊费用"科目的期末余额－其中将于一年内（含一年）摊销的金额。

注："将于一年内（含一年）摊销的金额"计入"一年内到期的非流动资产"项目。

12）短期借款＝"短期借款"的期末余额。

13）应付账款＝应付账款所属明细账的贷方余额合计＋预付账款所属明细账的贷方余额合计。

14）预收款项＝预收账款所属明细账的贷方余额合计＋应收账款所属明细账的贷方余额合计。

15）应付职工薪酬=按"应付职工薪酬"各明细科目计算的金额。

16）其他应付款="应付股利"期末余额+"应付利息"期末余额+"其他应付款"期末余额。

17）应交税费="应交税费——未交增值税"期末贷方余额+"应交税费——简易计税"期末贷方余额+"应交税费——转让金融商品应交增值税"期末贷方余额+"应交税费——代扣代交增值税"期末贷方余额+"应交消费税""应交城建税""应交房产税"等明细科目的期末贷方余额。

注：①"应交税费——未交增值税"期末借方余额、"应交税费——应交增值税"期末借方余额、"应交税费——待抵扣进项税额"期末借方余额、"应交税费——待认证进项税额"期末借方余额、"应交税费——增值税留抵税额"期末借方余额，一律计入"其他流动资产"项目或"其他非流动资产"项目。

②"应交税费——待转销项税额"期末贷方余额，计入"其他流动负债"项目或"其他非流动负债"项目。

18）长期借款="长期借款"总账科目余额−"长期借款"科目所属的明细科目中将在资产负债表日起一年内到期且企业不能自主地将清偿义务展期的长期借款余额后的金额。

注："长期借款"科目所属的明细科目中将在资产负债表日起一年内到期且企业不能自主地将清偿义务展期的长期借款的金额填列在"一年内到期的非流动负债"项目中。

19）长期应付款="长期应付款"期末余额−"未确认融资费用"期末余额+"专项应付款"期末余额−其中将于一年内到期的部分的金额。

20）"实收资本（或股本）"项目、"其他权益工具"项目、"资本公积"项目、"其他综合收益"项目、"盈余公积"项目，均根据科目的期末余额直接填列。

21）未分配利润="本年利润"的余额+"利润分配"的余额。

注：未弥补的亏损在本项目内以"−"号填列。

微课2-15　资产负债表反映债权债务项目的填列

任务二　编制利润表

知识准备

一、利润表的概念及构成

1. 利润表的概念

利润表，又称损益表，是反映企业在一定会计期间的经营成果的报表。

通过利润表，可以反映企业在一定会计期间收入、费用、利润（或亏损）的金额和构成情况，帮助财务报表使用者全面了解企业的经营成果，分析企业的盈利能力及盈利增长趋势，从而为其做出经济决策提供依据。

2. 利润表的构成

利润表包括的项目主要有营业收入、营业成本、税金及附加、销售费用、管理费用、研发费用、财务费用、资产减值损失、其他收益、投资收益、公允价值变动收益、资产处置收益、营业利润、营业外收入、营业外支出、利润总额、所得税费用、净利润、其他综合收益的税后净额、综合收益总额、每股收益等。

二、利润表的格式

我国企业的利润表采用多步式格式，即通过对当期的收入、费用、支出项目按性质加以归类，按利润形成的主要环节列示一些中间性利润指标，分步计算当期净损益，以便财务报表使用者理解企业经营成果的不同来源。

为了使财务报表使用者通过比较不同期间利润的实现情况，判断企业经营成果的未来发展趋势，企业需要提供比较利润表。为此，利润表还需就各项目再分为"本期金额"和"上期金额"两栏分布填列。

项目实训

实训2-52　编制利润表

5月31日，编制济南新星电子科技有限公司2021年5月利润表。

利润表空表见表2-40。

表2-40　利润表

编制单位：　　　　　　　　年　　月　　　　　　　　　　单位：元

项目	本期金额	上期金额
一、营业收入		
减：营业成本		
税金及附加		
销售费用		
管理费用		
研发费用		
财务费用		
其中：利息费用		
利息收入		
加：其他收益		
投资收益（损失以"－"号填列）		
其中：对联营企业和合营企业的投资收益		
以摊余成本计量的金融资产终止确认收益（损失以"－"号填列）		
净敞口套期收益（损失以"－"号填列）		
公允价值变动收益（损失以"－"号填列）		
信用减值损失（损失以"－"号填列）		
资产减值损失（损失以"－"号填列）		
资产处置收益（损失以"－"号填列）		
二、营业利润（亏损以"－"号填列）		
加：营业外收入		
减：营业外支出		
三、利润总额（亏损总额以"－"号填列）		
减：所得税费用		
四、净利润（净亏损以"－"号填列）		
（一）持续经营净利润（净亏损以"－"号填列）		
（二）终止经营净利润（净亏损以"－"号填列）		

（续）

项目	本期金额	上期金额
五、其他综合收益的税后净额		
（一）不能重分类进损益的其他综合收益		
1．重新计量设定受益计划变动额		
2．权益法下不能转损益的其他综合收益		
3．其他权益工具投资公允价值变动		
4．企业自身信用风险公允价值变动		
……		
（二）将重分类进损益的其他综合收益		
1．权益法下可转损益的其他综合收益		
2．其他债权投资公允价值变动		
3．金融资产重分类计入其他综合收益的金额		
4．其他债权投资信用减值准备		
5．现金流量套期储备		
6．外币财务报表折算差额		
……		
六、综合收益总额		
七、每股收益		
（一）基本每股收益		
（二）稀释每股收益		

■ 知识链接

1．利润表的编制方法

（1）利润表的编制依据　利润表是根据各损益类账户的当期发生额编制的。

（2）我国企业利润表的主要编制步骤和内容

1）第一步，以营业收入为基础，减去营业成本、税金及附加、销售费用、管理费用、研发费用、财务费用、资产减值损失、信用减值损失，加上其他收益、投资收益（或减去投资损失）、公允价值变动收益（或减去公允价值变动损失）、资产处置收益（或减去资产处置损失），计算出营业利润。

2）第二步，以营业利润为基础，加上营业外收入，减去营业外支出，计算出利润总额。

3）第三步，以利润总额为基础，减去所得税费用，计算出净利润（或净亏损）。

4）第四步，以净利润（或净亏损）和其他综合收益为基础，计算出综合收益总额。

5）第五步，以净利润（或净亏损）为基础，计算出每股收益。

（3）利润表各项目的填写方法 利润表各项目均需填列"本期金额"和"上期金额"两栏。其中"上期金额"栏内各项数字，应根据上年该期利润表的"本期金额"栏内所列数字填列。"本期金额"栏内各项目除"基本每股收益"和"稀释每股收益"外，应当按照相关科目的发生额分析填列。如"营业收入"项目，根据"主营业务收入""其他业务收入"科目的发生额分析计算填列；"营业成本"项目，根据"主营业务成本""其他业务成本"科目的发生额分析计算填列。

微课2-16 利润表的编制

项 目 总 结

1. 知识准备

认知资产负债表和利润表的结构，了解财务报表的编制依据。

2. 项目实训

掌握资产负债表和利润表各项目的填列方法，能够根据账户资料整理编制财务报表。

模块简介

本模块模拟了一家小型商贸企业一个季度日常经营活动中最基本的业务及其财务、税务处理，包括商品购销活动的核算、人员工资的核算、社保的计提与发放、折旧的计提及发生的其他费用的核算等，演练了从填制记账凭证、结算账户余额、编制财务报表直至进行纳税申报的完整的账务处理流程，完成了月度及季度的业财税一体化处理。

业务范围的选择力求"精"，选取最基本最核心的高频业务，让学习者能够把握重点。

业务流程的编排力求"全"，从财务处理到税务处理，体现了业财税一体化，也涵盖了增值税、企业所得税最新税收政策的内容。

任务实施力求"进"，通过对一个季度即三个月业务的反复练习，深化学习者对财税知识的理解，提升其账务税务处理技能。

项目一　小企业经济业务综合实训一

核算济南盖特商贸有限公司7月份发生的经济业务

项目描述

小企业是指在我国境内依法设立的、符合《统计上大中小微型企业划分办法

（2017）》所规定的小型企业标准的企业。小企业的会计核算适用《小企业会计准则》的要求。

　　本项目模拟了一家小型商贸企业7月份日常发生的最基本的业务，要求学习者熟悉从原始凭证的解读、记账凭证的填制到财务报表的编制等账务处理流程，并初步了解增值税及附加税的计算。

学习目标

1. 知识目标

1）熟悉小企业日常发生的经济业务。

2）掌握小企业日常经济业务的账务处理。

3）初步了解增值税及附加税费的计算。

2. 能力目标

1）正确解读原始凭证，准确填制记账凭证。

2）汇总记账凭证，准确结出各个账户的期末余额。

3）根据各个账户的期末余额，准确编制财务报表。

3. 情感目标

培养诚实守信的工作态度，树立踏实严谨的工作作风，恪守财会人员职业道德，为今后的职业发展夯实基础。

情智故事

坚守会计职业道德 | 诚实守信

某公司因产品销售不畅，新产品研发受阻，财务部预测本年度将发生800万元的亏损。刚刚上任的总经理责成总会计师王某千方百计实现当年盈利目标，并说："实在不行，可以对财务报表做一些会计技术处理。"总会计师很清楚公司本年度亏损已成定局，拒绝了总经理的要求。

　　思想感悟　案例中总经理的要求违反了《会计法》第四条"单位负责人对本单位的会计工作和会计资料的真实性、完整性负责"的规定，也违反了《会计法》第五条"任何单位或者个人不得以任何方式授意、指使、强令会计机构、会计人员伪造、变造会计凭证、会计账簿和其他会计资料，提供虚假财务会计报告"的规定。本案例中总会计师王某拒绝总经理的要求，是遵守会计职业道德规范、诚实守信、客观公正、坚持原则的表现，是正确的行为。

知识准备

相关资料表明，目前我国的小企业数量已达企业总数的97%以上，有52.95%的从业人员选择在小企业就业，而小企业的营业收入总额和资产总额分别达到所有企业营业收入总额和资产总额的39.34%和41.97%。小企业已成为构成市场经济参与主体、推动国民经济发展、促进社会稳定的重要力量。

《统计上大中小微型企业划分办法（2017）》按照行业门类，依据从业人员、营业收入、资产总额等指标或替代指标，将我国的企业划分为大型、中型、小型、微型四种类型。本书中将小型企业和微型企业统称为小企业，具体划分标准见表3-1。

表3-1　统计上大中小微型企业划分标准

行业名称	指标名称	计量单位	小型	微型
农、林、牧、渔业	营业收入（Y）	万元	50≤Y<500	Y<50
工业*	从业人员（X）	人	20≤X<300	X<20
	营业收入（Y）	万元	300≤Y<2 000	Y<300
建筑业	营业收入（Y）	万元	300≤Y<6 000	Y<300
	资产总额（Z）	万元	300≤Z<5 000	Z<300
批发业	从业人员（X）	人	5≤X<20	X<5
	营业收入（Y）	万元	1 000≤Y<5 000	Y<1 000
零售业	从业人员（X）	人	10≤X<50	X<10
	营业收入（Y）	万元	100≤Y<500	Y<100
交通运输业*	从业人员（X）	人	20≤X<300	X<20
	营业收入（Y）	万元	200≤Y<3 000	Y<200
仓储业*	从业人员（X）	人	20≤X<100	X<20
	营业收入（Y）	万元	100≤Y<1 000	Y<100
邮政业	从业人员（X）	人	20≤X<300	X<20
	营业收入（Y）	万元	100≤Y<2 000	Y<100
住宿业	从业人员（X）	人	10≤X<100	X<10
	营业收入（Y）	万元	100≤Y<2 000	Y<100

（续）

行业名称	指标名称	计量单位	小型	微型
餐饮业	从业人员（X）	人	10≤X<100	X<10
	营业收入（Y）	万元	100≤Y<2 000	Y<100
信息传输业*	从业人员（X）	人	10≤X<100	X<10
	营业收入（Y）	万元	100≤Y<1 000	Y<100
软件和信息技术服务业	从业人员（X）	人	10≤X<100	X<10
	营业收入（Y）	万元	50≤Y<1 000	Y<50
房地产开发经营	营业收入（Y）	万元	100≤Y<1 000	Y<100
	资产总额（Z）	万元	2 000≤Z<5 000	Z<2 000
物业管理	从业人员（X）	人	100≤X<300	X<100
	营业收入（Y）	万元	500≤Y<1 000	Y<500
租赁和商务服务业	从业人员（X）	人	10≤X<100	X<10
	资产总额（Z）	万元	100≤Z<8 000	Z<100
其他未列明行业*	从业人员（X）	人	10≤X<100	X<10

注：带*的项为行业组合类别。其中，工业包括采矿业，制造业，电力、热力、燃气及水生产和供应业；交通运输业包括道路运输业，水上运输业，航空运输业，管道运输业，多式联运和运输代理业、装卸搬运，不包括铁路运输业；仓储业包括通用仓储，低温仓储，危险品仓储，谷物、棉花等农产品仓储，中药材仓储和其他仓储业；信息传输业包括电信、广播电视和卫星传输服务，互联网和相关服务；其他未列明行业包括科学研究和技术服务业，水利、环境和公共设施管理业，居民服务、修理和其他服务业，社会工作，文化、体育和娱乐业，以及房地产中介服务，其他房地产业等，不包括自有房地产经营活动。

为进一步规范小企业在会计确认、计量和报告方面的行为，促进小企业可持续发展，发挥小企业在国民经济和社会发展中的作用，在广泛征询意见的基础上，财政部于2011年10月发布了《小企业会计准则》，规定自2013年1月1日起在小企业范围内施行。

项目实训

■ 业务背景

济南盖特商贸有限公司是一家小型商品流通企业，以下是该公司的基本资料（见表3-2）、会计政策及核算方法、2021年6月末的账户余额（见表3-3、

表3-4）、资产负债表（见表3-5）。

■ **基本资料**

表3-2 济南盖特商贸有限公司基本资料

企业名称	济南盖特商贸有限公司		
行业分类	零售业	增值税	一般纳税人
公司分类	有限责任公司	纳税人识别号	91M53790255
注册资本	300万元	法定代表人	汪泓
经营地址	济南历下区颖秀路1237号奇盛数码大厦504室0531-86202030		
经营范围	主要从事新风设备、净水设备、智能家居的销售		
开户银行	中国工商银行济南颖秀路支行	账号（基本户）	162010142100040953

■ **会计政策及核算方法**

1）企业使用借贷记账方法，依据财政部统一制定的《小企业会计准则》，采用记账凭证账务处理程序进行核算。

2）存货按实际成本计价，库存商品成本采用月末一次加权平均法计算。

3）固定资产折旧采用平均年限法，按照固定资产类别计提折旧，年折旧率分别为：房屋建筑物2.375%、交通工具6.4%、办公设备12.25%。

4）社会保险费和住房公积金通过"其他应付款"账户核算，由企业和职工共同负担。

企业应缴纳的部分：养老保险费按应付工资的16%计提；医疗保险费按应付工资的8%计提；失业保险费按应付工资的0.8%计提；住房公积金按应付工资的5%计提。职工个人应缴纳的部分：养老保险费按应付工资的8%计提；失业保险费按应付工资的0.2%计提；医疗保险费按应付工资的2%计提；住房公积金按应付工资的5%计提。

5）应交税费月末计提，次月15日内申报缴纳。各种税金及附加按以下规定计算：

增值税按照基本税率13%计算缴纳；城市维护建设税按照增值税的7%计算缴纳；教育费附加按照增值税的3%计算缴纳；企业所得税按季计提，按季申报，年终汇算清缴，按照应纳税所得额的25%计算缴纳；企业符合小微企业认定标准，享受小微企业普惠性减税政策。

■ 账户余额

表3-3 2021年6月末账户余额

2021年6月30日　　　　　　　　　　单位：元

科目编码	科目名称	期末余额	科目编码	科目名称	期末余额
1001	库存现金	3 000.00	2211	应付职工薪酬	60 398.00
1002	银行存款	2 921 030.00	221101	工资	46 000.00
1405	库存商品	230 000.00	221103	五险一金	14 398.00
1601	固定资产	3 330 000.00	2221	应交税费	96 317.52
1602	累计折旧	630 000	222102	未交增值税	69 660.00
			222104	应交所得税	19 677.12
			222105	应交个人所得税	14.40
			222106	应交城市维护建设税	4 876.20
			222107	应交教育费附加	2 089.80
			4101	实收资本	3 000 000.00
			4103	本年利润	593 528.00
			4104	利润分配	2 103 786.48

表3-4 2021年6月末库存商品明细账账户余额表

2021年6月30日　　　　　　　　　　单位：元

编码	名称	数量	单价	期末余额
140501	恒净新风柜机（H602）	10	8 300.00	83 000.00
140502	恒净净水机（PB-358）	10	3 180.00	31 800.00
140503	恒净智能家居系统（KC868-D）	4	28 800.00	115 200.00
合计		—	—	230 000.00

■ 财务报表

表3-5 6月末资产负债表

编制单位：济南盖特商贸有限公司　　2021年6月30日　　　　　　单位：元

资产	行次	期末余额	年初余额	负债和所有者权益	行次	期末余额	年初余额
流动资产：				流动负债：			
货币资金	1	2 924 030.00		短期借款	31		
短期投资	2			应付票据	32		
应收票据	3			应付账款	33		
应收账款	4			预收账款	34		
预付账款	5			应付职工薪酬	35	60 398.00	

（续）

资产	行次	期末余额	年初余额	负债和所有者权益	行次	期末余额	年初余额
应收股利	6			应交税费	36	96 317.52	
应收利息	7			应付利息	37		
其他应收款	8			应付利润	38		
存货	9	230 000.00		其他应付款	39		
其中：原材料	10			其他流动负债	40		
在产品	11			流动负债合计	41	156 715.52	
库存商品	12	230 000.00		非流动负债：			
周转材料	13			长期借款	42		
其他流动资产	14			长期应付款	43		
流动资产合计	15	3 154 030.00		递延收益	44		
非流动资产：				其他非流动负债	45		
长期债券投资	16			非流动负债合计	46		
长期股权投资	17			负债合计	47	156 715.52	
固定资产原价	18	3 330 000.00					
减：累计折旧	19	630 000					
固定资产账面价值	20	2 700 000.00					
在建工程	21						
工程物资	22						
固定资产清理	23						
生产性生物资产	24			所有者权益 （或股东权益）：			
无形资产	25			实收资本（或股本）	48	3 000 000.00	
开发支出	26			资本公积	49		
长期待摊费用	27			盈余公积	50		
其他非流动资产	28			未分配利润	51	2 697 314.48	
非流动资产合计	29	2 700 000.00		所有者权益 （或股东权益）合计	52	5 697 314.48	
资产总计	30	5 854 030.00		负债和所有者权益 （或股东权益）总计	53	5 854 030.00	

■ **资料准备**

1）自备通用记账凭证20张、记账凭证封皮1张。

2）自备库存现金日记账1本、银行存款日记账1本、总账1本、数量金额式明细账5页，多栏式明细账5页，金额三栏式明细账20页。

3）资产负债表、利润表各1张。

4）增值税纳税申报表（一般纳税人），城建税、教育费附加、地方教育附加税（费）申报表各1张。

5）自备个人名章、签字表、胶水、裁纸刀。

■ **实训要求**

1）根据企业6月末的账户余额（见表3-3、表3-4）登记相关总分类账户及其明细账户的期初余额。

2）根据给出的原始凭证（见图3-1～图3-19）编制记账凭证。

3）根据审核无误的记账凭证登记总账账户及其明细账账户的本期发生额。

4）结出7月末各相关账户的期末余额。

5）根据7月末各账户的期末余额编制资产负债表，根据7月份各损益类账户的发生额编制利润表。

6）填制增值税及附加税费的纳税申报表（见项目二实训3-21）。

任务一　根据7月份发生的经济业务编制记账凭证

实训3-1　发放工资

7月5日，由银行代发上月工资，原始凭证2张（见图3-1、图3-2）。

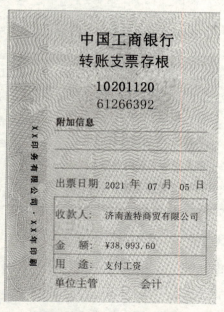

中国工商银行
转账支票存根
10201120
61266392

附加信息
_____
_____

出票日期 2021 年 07 月 05 日

收款人：济南盖特商贸有限公司

金　额：¥38,993.60

用　途：支付工资

单位主管　　　会计

图3-1　转账支票存根

6月工资结算表

2021 年 07 月 05 日　　　　　　　　　　　　　　　　　　　　　　　单位：元

部门	姓名	基本工资	岗位津贴	奖金	交通补助	应扣工资 请假扣款	应扣工资 缺勤扣款	应付工资	养老保险（8%）	医疗保险（2%）	失业保险（0.2%）	住房公积金（5%）	个人所得税	合计	实发工资
办公室	汪泓	9,000.00	1,000.00					10,000.00	800.00	200.00	20.00	500.00	14.40	1,534.40	8,465.60
办公室	孙成君	7,500.00		500.00				8,000.00	640.00	160.00	16.00	400.00		1,216.00	6784
财务室	赵源	4,700.00		300.00				5,000.00	400.00	100.00	10.00	250.00		760.00	4240
财务室	秦晓	4,200.00		300.00				4,500.00	360.00	90.00	9.00	225.00		684.00	3816
销售部	王立山	6,000.00		500.00				6,500.00	520.00	130.00	13.00	325.00		988.00	5512
销售部	杨晓峰	6,700.00		900.00		100.00		7,500.00	600.00	150.00	15.00	375.00		1,140.00	6360
仓库	张旭	4,200.00		300.00				4,500.00	360.00	90.00	9.00	225.00		684.00	3816
								0.00						0.00	0
								0.00						0.00	0
								0.00						0.00	0
								0.00						0.00	0
								0.00						0.00	0
								0.00						0.00	0
								0.00						0.00	0
合　计		42,300.00	3,800.00			100.00		46,000.00	3,680.00	920.00	92.00	2,300.00	14.40	7,006.40	38,993.60

总经理：汪泓　　　　　　财务主管：孙成君　　　　　　审核：孙成君　　　　　　制表：赵源

图3-2　6月工资结算表

实训3-2　缴纳各项税费

7月10日，缴纳各项税费，原始凭证1张（见图3-3）。

中国工商银行　　　　　　　　　　凭证

电子缴税付款凭证

缴税日期：2021 年 07 月 10 日　　　　　　　凭证字号：20200009

纳税人全称及纳税人识别号：济南盖特商贸有限公司	91M053790255
付款人全称：济南盖特商贸有限公司	
付款人账号：162010142100040953	征收机关名称：国家税务总局济南历下区税务局
付款人开户行：中国工商银行济南颖秀路支行	收款国库（银行）名称：国家税务总局济南历下区税务局
小写（合计）金额：￥96,317.52　　元	缴款书交易流水号：07965589
大写（合计）金额：玖万陆仟叁佰壹拾柒元伍角贰分	税票号码：509547464459988394

税（费）种名称	所属日期		实缴金额（单位：元）
所得税	20210401	20210630	￥19,677.12
增值税	20210601	20210630	￥69,660.00
城建税	20210601	20210630	￥4,876.20
教育费附加	20210601	20210630	￥2,089.80
个人所得税	20210601	20210630	￥14.40

第 1 次打印　　　　　　　　　　　　　打印时间：2021 年 07 月 10 日

客户回单联　　　验证码：501870　　　复核：　　　　　记账：

图3-3　电子缴税付款凭证（7月）

实训3-3 交社保、公积金

7月10日，交上月社会保险费及住房公积金，原始凭证2张（见图3-4、图3-5）。

社会保险费电子转账凭证

凭证号：31350075

凭证提交号：99152181

2021 年 07 月 10 日

申请人	全　称	济南盖特商贸有限公司		收款人	全　称	国家税务总结历下区税务局
	账　号	162010142100040953			账　号	08729912010 0304037567
	开户银行	中国工商银行济南颖秀路支行			开户银行	中国工商银行济南历下支行
	行　号	086086196325			行　号	303451000013

	金 额 人民币（大写）壹万陆仟柒佰玖拾元整						亿 千 百 十 万 千 百 十 元 角 分
							¥ 1 6 7 9 0 0 0

第二联 缴费单位记账凭证

摘要	代扣号：					
	养老小计：	11,040.00	单位养老：	7,360.00	个人养老：	3,680.00
	失业小计：	460.00	单位失业：	368.00	个人失业：	92.00
	医疗小计：	4,600.00	单位医疗：	3,680.00	个人医疗：	920.00
	工伤小计：	230.00	单位工伤：	230.00		
	生育小计：	460.00	单位生育：	460.00		
	合计：	16,790.00	合计：	12,098.00	合计：	4,692.00

收款人开户银行盖章

中国工商银行
济南历下支行
2021.07.10
业务受理专用章

备注		打印次数：	转账时间：

复核：成浩　　　　记账：孙甜甜

图3-4　社会保险费电子转账凭证（7月）

银 行 扣 款 专 用 凭 证

（ 638 ）NO.

填发日期：2021 年 07 月 10 日　　　　第　365　号

单位名称	济南盖特商贸有限公司		账　号	162010142100040953	
代　码	91M053790255	扣款日期	2021年07月10日	交易号	

科目名称	品目名称	所属期	计征金额或数量	征收率或金额	已缴或扣减额	实缴金额
住房公积金		202106	4,600.00			4,600.00

合 计	（大写）肆仟陆佰元整				¥4,600.00

中国工商银行（颖
秀路支行）
2021.07.10
转讫

银行签章		柜员号		备 注	出票状态

此凭证仅交付款人作为扣款凭证使用，不得收取现金，手工填开和未加盖银行转讫章(或业务印章)无效

图3-5　银行扣款专用凭证（7月）

实训3-4 预交物业费

7月11日，开出转账支票预交下半年物业费，原始凭证1张（见图3-6）。

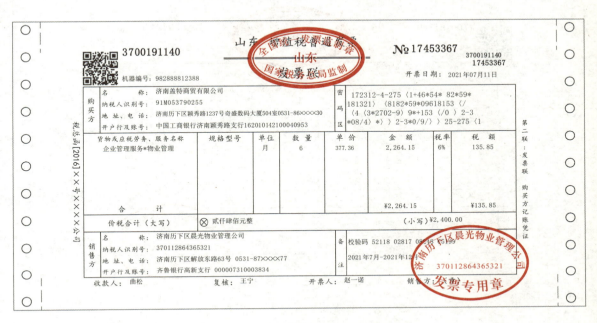

图3-6 增值税普通发票（发票联）

实训3-5 采购货物

7月12日，购进恒净新风柜机，款已付，原始凭证4张（见图3-7～图3-10）。

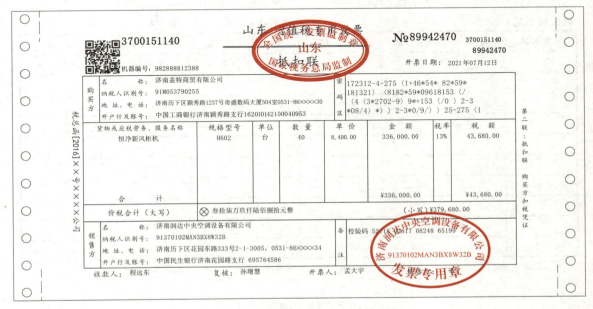

图3-7 增值税专用发票（抵扣联）

图3-8 增值税专用发票（发票联）

采购入库单

入库单号：614455483　　入库日期：2021-07-12　　入库类型：采购入库　　部门：仓库1

供应商名称：济南润达中央空调设备有限公司　　仓库名称：商品库　　备注：

发票号码	编码	存货名称	尺码	颜色	单位	数量	不含税单价	金额
		恒净新风柜机（H602）			台	40.00	8,400.00	336,000.00
合　计						40.00		336,000.00

记账：赵源　　　　复核：孙成君　　　　仓库保管：张旭　　　　采购员：汪泓

图3-9 采购入库单（7月）

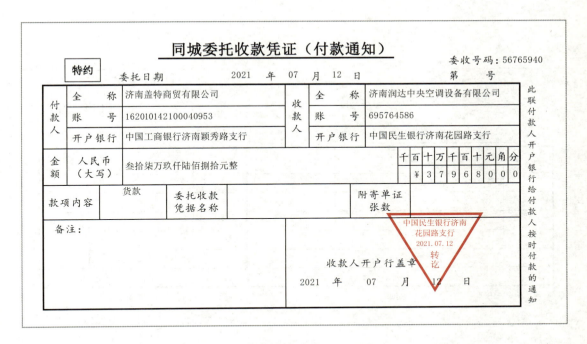

图3-10　同城委托收款凭证（付款通知）

实训3-6　销售商品

7月15日，销售商品，原始凭证3张（见图3-11、图3-12、图3-13）。

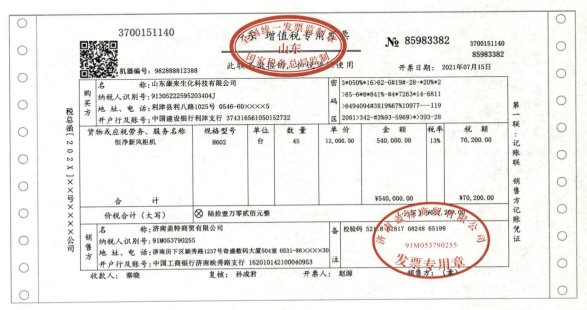

图3-11　增值税专用发票（记账联）

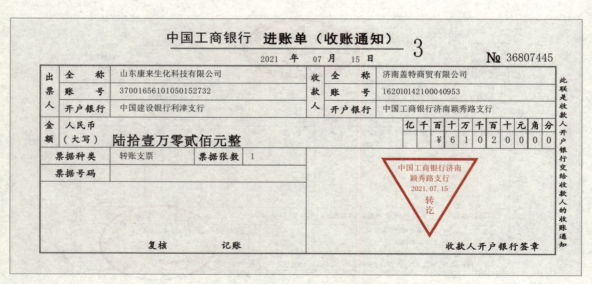

<table>
<tr><td colspan="9" align="center">出 库 单</td><td>No. 06060297</td></tr>
</table>

出 库 单　　　　No. 06060297

购货单位：山东康来生化科技有限公司　　　2021 年 07 月 15 日

编　号	品　名	规　格	单位	数　量	单价	金　额	备注
	恒净新风柜机（H602）		台	45			
合　　　　　　计							

仓库主管：孙成君　　记账：赵源　　保管：　　经手人：张旭　　制单：张旭

第一联　存根联

图3-12　出库单

中国工商银行　进账单（收账通知）　3

2021 年 07 月 15 日　　　№ 36807445

出票人	全称	山东康来生化科技有限公司	收款人	全称	济南盖特商贸有限公司
	账号	37001656101050152732		账号	162010142100040953
	开户银行	中国建设银行利津支行		开户银行	中国工商银行济南颖秀路支行

金额	人民币（大写）	陆拾壹万零贰佰元整	亿	千	百	十	万	千	百	十	元	角	分
					¥	6	1	0	2	0	0	0	0

票据种类	转账支票	票据张数	1
票据号码			

中国工商银行济南
颖秀路支行
2021.07.15
转讫

复核　　　记账　　　　　　　收款人开户银行签章

此联是收款人开户银行交给收款人的收账通知

图3-13　中国工商银行进账单

实训3-7　计提税费

7月31日，计提本月税费，原始凭证1张（见图3-14）。

税金及附加计算表

2021　年　07　月　31　日　　　　　　　　单位：元

项目	计提基数			计提比例	计提金额
	增值税	消费税	合计		
城市维护建设税	26,520.00		26,520.00	7%	1,856.40
教育费附加	26,520.00		26,520.00	3%	795.60
地方教育费附加					

审核：孙成君　　　　　　　　　　　　　　制表：赵源

图3-14　税金及附加计算表（7月）

实训3-8　计提职工薪酬

7月31日，计提本月工资、社会保险费及住房公积金，原始凭证2张（见图3-15、图3-16）。

工资汇总表

2021　年　07　月　31　日　　　　　　　　单位：元

部　门	应付工资	代扣款项				个人所得税	合　计	实发工资
		养老保险（8%　）	医疗保险（2%　）	失业保险（0.2%　）	住房公积金（5%　）			
办公室	18,000.00	1,440.00	360.00	36.00	900.00	14.40	2,750.40	15,249.60
财务室	9,500.00	760.00	190.00	19.00	475.00		1,444.00	8,056.00
销售部	14,000.00	1,120.00	280.00	28.00	700.00		2,128.00	11,872.00
仓库	4,500.00	360.00	90.00	9.00	225.00		684.00	3,816.00
		0.00	0.00	0.00	0.00		0.00	0.00
		0.00	0.00	0.00	0.00		0.00	0.00
		0.00	0.00	0.00	0.00		0.00	0.00
		0.00	0.00	0.00	0.00		0.00	0.00
		0.00	0.00	0.00	0.00		0.00	0.00
		0.00	0.00	0.00	0.00		0.00	0.00
合　计	46,000.00	3,680.00	920.00	92.00	2,300.00	14.40	7,006.40	38,993.60

总经理：汪泓　　　　　财务主管：孙成君　　　　　制表：赵源

图3-15　工资汇总表（7月）

2021年7月社保及公积金汇总表

部门	应付工资	企业社保						个人社保					社保合计	住房公积金		住房公积金合计
		养老保险 16%	医疗保险 8%	失业保险 0.8%	生育保险 1%	工伤保险 0.50%	小计	养老保险 8%	医疗保险 2%	失业保险 0.20%	大病医疗	小计		企业 5%	个人 5%	
办公室	18,000.00	2,880.00	1,440.00	144.00	180.00	90.00	4,734.00	1,440.00	360.00	36.00		1,836.00	6,570.00	900.00	900.00	1,800.00
财务室	9,500.00	1,520.00	760.00	76.00	95.00	47.50	2,498.50	760.00	190.00	19.00		969.00	3,467.50	475.00	475.00	950.00
销售部	14,000.00	2,240.00	1,120.00	112.00	140.00	70.00	3,682.00	1,120.00	280.00	28.00		1,428.00	5,110.00	700.00	700.00	1,400.00
仓库	4,500.00	720.00	360.00	36.00	45.00	22.50	1,183.50	360.00	90.00	9.00		459.00	1,642.50	225.00	225.00	450.00
		0.00	0.00	0.00	0.00	0.00	0.00	0.00	0.00	0.00		0.00	0.00	0.00	0.00	0.00
		0.00	0.00	0.00	0.00	0.00	0.00	0.00	0.00	0.00		0.00	0.00	0.00	0.00	0.00
		0.00	0.00	0.00	0.00	0.00	0.00	0.00	0.00	0.00		0.00	0.00	0.00	0.00	0.00
		0.00	0.00	0.00	0.00	0.00	0.00	0.00	0.00	0.00		0.00	0.00	0.00	0.00	0.00
合计	46,000.00	7,360.00	3,680.00	368.00	460.00	230.00	12,098.00	3,680.00	920.00	92.00		4,692.00	16,790.00	2,300.00	2,300.00	4,600.00

图3-16 社保及公积金汇总表（7月）

实训3-9　计提折旧

7月31日，计提固定资产折旧，原始凭证1张（见图3-17）。

固定资产折旧明细表

2021　年 07 月 31 日　　　　　　　金额单位：元

类别	部门	资产名称	原值	使用年限	残值率	净残值	年折旧率	年折旧额	月折旧额
房屋建筑物		办公楼	3,000,000.00	40	5%	150,000.00	2.375%	71,250.00	5,937.50
交通工具		小汽车	270,000.00	15	4%	10,800.00	6.4%	17,280.00	1,440.00
办公设备		电脑	60,000.00	8	2%	1,200.00	12.25%	7,350.00	612.50
合　计	—	—	3,330,000.00	—	—	162,000.00	—	95,880.00	7,990.00

审核：赵源　　　　　　　　　　　　　　　　制表：秦晓

图3-17　固定资产折旧明细表（7月）

实训3-10　计算物业费

7月31日，计算本月应分摊的物业费，原始凭证1张（见表3-6）。

表3-6　物业费分摊表（7月）

日期：　　　　　　　　　　　　　　　　　　金额单位：元

部门	实际发生金额	受益起始月	受益截止月	受益期限（月）	月分摊金额
办公室					
合计					

制表：　　　　　　　　　　　　　　　　　　审核：

实训3-11　结转销售成本

7月31日，结转本月销售成本，原始凭证1张（见图3-18）。

库存商品 加权平均单价计算表

年　　月　　日　　　　　金额单位：元

材料名称	期初结存		本期收入		加权平均单价
	数量	金额	数量	金额	
合　计					

审核：　　　　　　　　制单：

图3-18　库存商品加权平均单价计算表（7月）

实训3-12 计算结转增值税

7月31日，计算本月应交增值税，结转未交增值税，原始凭证1张（见图3-19）。

<table>
<tr><td colspan="5" align="center">应交增值税计算表</td></tr>
<tr><td></td><td colspan="3" align="center">年　月　日</td><td align="right">单位：元</td></tr>
<tr><td>项目</td><td>进项税额</td><td>销项税额</td><td>进项税额转出</td><td>本月应交增值税额</td></tr>
<tr><td>金额</td><td></td><td></td><td></td><td></td></tr>
<tr><td colspan="2">审核：</td><td colspan="3">制单：</td></tr>
</table>

图3-19 应交增值税计算表（7月）

实训3-13 损益结转

7月31日，结转本月损益。

任务二　结出7月末各账户的余额

实训3-14 结出账户余额

根据各有关账户的月结资料，填写账户余额表（见表3-7、表3-8）。

表3-7　2021年7月末账户余额表

年　月　日　　　　　　　　　　　　　　　　　单位：元

科目编码	科目名称	期末余额	科目编码	科目名称	期末余额
1001	库存现金		2221	应交税费	
1002	银行存款		222102	未交增值税	
1123	预付账款		222104	应交所得税	
1405	库存商品		222105	应交个人所得税	
1601	固定资产		222106	应交城市维护建设税	
1602	累计折旧		222107	应交教育费附加	
			4101	实收资本	
			4103	本年利润	
			4104	利润分配	

表3-8　2021年7月末库存商品明细账账户余额表

年　月　日　　　　　　　　　　　　　　　　　单位：元

编码	名称	数量	单价	期末余额
140501	恒净新风系统（H602）			
140502	恒净净水机（PB-358）			
140503	恒净智能家居系统（KC868-D）			
合计		—	—	

任务三　编制7月份财务报表

实训3-15　编制资产负债表

根据7月末各账户的余额编制资产负债表（见表3-9）。

表3-9　7月资产负债表

编制单位：　　　　　　　　　　　年　月　日　　　　　　　　　　单位：元

资产	行次	期末余额	年初余额	负债和所有者权益	行次	期末余额	年初余额
流动资产：				流动负债：			
货币资金	1			短期借款	31		
短期投资	2			应付票据	32		
应收票据	3			应付账款	33		
应收账款	4			预收账款	34		
预付账款	5			应付职工薪酬	35		
应收股利	6			应交税费	36		
应收利息	7			应付利息	37		
其他应收款	8			应付利润	38		
存货	9			其他应付款	39		
其中：原材料	10			其他流动负债	40		
在产品	11			流动负债合计	41		
库存商品	12			非流动负债：			
周转材料	13			长期借款	42		
其他流动资产	14			长期应付款	43		
流动资产合计	15			递延收益	44		
非流动资产：				其他非流动负债	45		
长期债券投资	16			非流动负债合计	46		
长期股权投资	17			负债合计	47		
固定资产原价	18						
减：累计折旧	19						
固定资产账面价值	20						
在建工程	21						
工程物资	22						
固定资产清理	23						
生产性生物资产	24			所有者权益（或股东权益）：			
无形资产	25			实收资本（或股本）	48		
开发支出	26			资本公积	49		
长期待摊费用	27			盈余公积	50		
其他非流动资产	28			未分配利润	51		
非流动资产合计	29			所有者权益（或股东权益）合计	52		
资产总计	30			负债和所有者权益（或股东权益）总计	53		

实训3-16　编制利润表

根据7月份各损益类账户的发生额编制利润表（见表3-10）。

表3-10　7月利润表

编制单位：　　　　　　　　　　　　　年　月　　　　　　　　　　　单位：

项目	行次	本年累计金额	本月金额
一、营业收入	1		
减：营业成本	2		
税金及附加	3		
其中：消费税	4		
城市维护建设税	5		
资源税	6		
土地增值税	7		
城镇土地使用税、房产税、车船税、印花税	8		
教育费附加、矿船资源补偿费、排污费	9		
销售费用	10		
其中：商品维修费	11		
广告费和业务宣传费	12		
管理费用	13		
其中：开办费	14		
业务招待费	15		
研究费用	16		
财务费用	17		
其中：利息费用（收入以"-"号填列）	18		
加：投资收益（损失以"-"号填列）	19		
二、营业利润（亏损以"-"号填列）	20		
加：营业外收入	21		
其中：政府补助	22		
减：营业外支出	23		
其中：坏账损失	24		
无法收回的长期债券投资损失	25		
无法收回的长期股权投资损失	26		
自然灾害等不可抗力因素造成的损失	27		
税收滞纳金	28		

（续）

项目	行次	本年累计金额	本月金额
三、利润总额（亏损总额以"-"号填列）	29		
减：所得税费用	30		
四、净利润（净亏损以"-"号填列）	31		

任务四　进行增值税及附加税费的纳税申报

实训3-17　纳税申报

填制增值税及附加税费的纳税申报表（见项目二实训3-21）。

项目总结

1. 知识准备

该项目模拟了一家小型商贸企业7月份日常经营活动中最基本的业务，包括商品的购销活动、人员工资及社保的计提与发放、计提折旧及发生的其他费用等。

2. 项目实训

填制记账凭证、结出账户余额、编制财务报表等整个月的账务处理流程。

项目二　小企业经济业务综合实训二

核算济南盖特商贸有限公司8月份发生的经济业务

项目描述

本项目要求对济南盖特商贸有限公司8月份发生的经济业务进行账务处理，

并填写7月份增值税及附加税费的纳税申报表，便于学习者进一步熟悉账务处理流程，初步了解增值税及附加税费纳税申报表的填写。

学习目标

1. 知识目标

1）掌握日常经济业务的账务处理。

2）深入理解账务处理流程及会计循环过程。

3）初掌握增值税及其附加税费纳税申报表的填制。

2. 能力目标

1）正确解读原始凭证，准确编制记账凭证。

2）汇总记账凭证，准确结出各个账户的期末余额。

3）根据各个账户的期末余额，准确编制财务报表。

4）准确填制增值税及附加税费的纳税申报表。

3. 情感目标

培养诚实守信的工作态度，树立爱岗敬业、廉洁自律的工作作风，恪守财会人员职业道德底线，为今后的职业发展奠定基础。

情智故事

会计职业犯罪｜违反会计职业道德，当警惕

王某，23岁，会计专业大学本科毕业后到某市一国债服务部工作，担任柜台出纳兼金库保管员。2000年5月11日，王某偷偷从金库中取出1998年国库券30万元，4个月后，王某见无人知晓，胆子开始大起来，又取出50万元，通过证券公司融资的回购方法，拆借人民币89.91万元用来炒股，没想到赔了钱。王某在无力返还单位证券的情况下，索性于2000年12月14日、15日，将金库里剩余的14.03万元国库券和股市上所有的73.7万元人民币全部取出后潜逃，用化名在一处民房隐匿。王某共贪污1998年国库券94.03万元，折合人民币118.51万元。案发后，当地人民检察院立案侦查，王某迫于各种压力，与2001年1月8日投案自首，检察院依法提起公诉。

思想感悟 案例中的犯罪嫌疑人王某，年轻有学历，刚毕业就被安排到比较重要的岗位工作，但其非但不勤恳敬业，反而贪欲膨胀，胆大妄为，刚走上工作岗位就犯罪，说明其在学校缺乏会计职业道德教育，没有丝毫法制观念和会计职业道德观念，内心没有构筑道德防线，或者说道德防线十分脆弱，不堪一击。王某违背了"爱岗敬业""诚实守信""廉洁自律"等职业道德规范，应当引起会计从业人员的警惕。同时，该案例也说明建立单位内部控制制度的重要性。

项目实训

■ 资料准备

1）自备通用记账凭证20张、记账凭证封皮1张。

2）自备现金日记账1本、银行存款日记账1本、总账1本（注：项目一已备）、数量金额式明细账5页，多栏式明细账5页，金额三栏式明细账20页。

3）资产负债表、利润表各1张。

4）增值税纳税申报表（一般纳税人），城建税、教育费附加、地方教育附加税（费）申报表各1张。

■ 实训要求

1）根据7月末的账户余额相应过入8月份相关总账账户及其明细账账户的期初余额。

2）根据给出的原始凭证（见图3-20～图3-40）编制记账凭证。

3）根据审核无误的记账凭证登记总账账户及其明细账账户的本期发生额。

4）结出8月末各相关账户的期末余额。

5）根据8月末各账户的余额编制资产负债表；根据8月份各损益类账户的发生额编制利润表。

6）填制增值税及附加税费的纳税申报表（见项目三实训3-39）。

任务一　根据8月份发生的经济业务编制记账凭证

实训3-18　提取备用金

8月3日，提取备用金，原始凭证1张（见图3-20）。

图3-20　现金支票存根

实训3-19　发放工资

8月5日，发放上月工资，原始凭证2张（见图3-21、图3-22）。

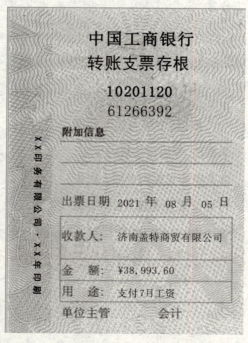

图3-21　转账支票存根

7 月 工 资 结 算 表

2021 年 08 月 05 日

单位：元

部 门	姓 名	应付工资								代扣款项						实发工资
		基本工资	岗位津贴	奖 金	交通补助	应扣工资			应付工资	养老保险 (8%)	医疗保险 (2%)	失业保险 (0.2%)	住房公积金 (5%)	个人所得税	合 计	
						请假扣款	缺勤扣款									
办公室	汪泓	9,000.00		1,000.00					10,000.00	800.00	200.00	20.00	500.00	14.40	1,534.40	8,465.60
办公室	孙成君	7,500.00		500.00					8,000.00	640.00	160.00	16.00	400.00		1,216.00	6784
财务室	赵源	4,700.00		300.00					5,000.00	400.00	100.00	10.00	250.00		760.00	4240
财务室	秦晓	4,200.00		300.00					4,500.00	360.00	90.00	9.00	225.00		684.00	3816
销售部	王立山	6,000.00		500.00					6,500.00	520.00	130.00	13.00	325.00		988.00	5512
销售部	杨晓峰	6,700.00		900.00		100.00			7,500.00	600.00	150.00	15.00	375.00		1,140.00	6360
仓库	张旭	4,200.00		300.00					4,500.00	360.00	90.00	9.00	225.00		684.00	3816
										0.00	0.00	0.00	0.00		0.00	0
										0.00	0.00	0.00	0.00		0.00	0
										0.00	0.00	0.00	0.00		0.00	0
										0.00	0.00	0.00	0.00		0.00	0
										0.00	0.00	0.00	0.00		0.00	0
										0.00	0.00	0.00	0.00		0.00	0
										0.00	0.00	0.00	0.00		0.00	0
合 计		42,300.00		3,800.00		100.00			46,000.00	3,680.00	920.00	92.00	2,300.00	14.40	7,006.40	38,993.60

总经理：汪泓 财务主管：孙成君 审核：孙成君 制表：赵源

图3-22 7月工资结算表

实训3-20 纳税申报

8月8日，填制上月增值税及附加税费申报表、纳税申报表2张（见表3-11、表3-12）。

根据国家税收法律法规及增值税相关规定制定本表。纳税人不论有无销售额，均应按税务机关核定的纳税期限填写本表，并向当地税务机关申报。

表3-11 增值税纳税申报表（7月）

（一般纳税人适用）

税款所属时间：自 年 月 日至 年 月 日　　填表日期： 年 月 日　　金额单位：元至角分

纳税人识别号：　　所属行业：

纳税人名称		法定代表人姓名		注册地址		生产经营地址	
开户银行及账号		登记注册类型				电话号码	

项目	栏次	一般项目		即征即退项目	
		本月数	本年累计	本月数	本年累计
销售额　（一）按适用税率计税销售额	1				
其中：应税货物销售额	2				
应税劳务销售额	3				
纳税检查调整的销售额	4				
（二）按简易办法计税销售额	5				
其中：纳税检查调整的销售额	6				
（三）免、抵、退办法出口销售额	7	—	—	—	—
（四）免税销售额	8	—	—	—	—
其中：免税货物销售额	9	—	—	—	—
免税劳务销售额	10	—	—	—	—

销项税额	11			—	
进项税额	12			—	
上期留抵税额	13		—		
进项税额转出	14		—		
免、抵、退应退税额	15		—	—	
按适用税率计算的纳税检查应补缴税额	16			—	
应抵扣税额合计	17=12+13+14-15+16	—			
实际抵扣税额	18（如17<11，则为17，否则为11）				
应纳税额	19=11-18				
期末留抵税额	20=17-18				
简易计税办法计算的应纳税额	21				
按简易计税办法计算的纳税检查应补缴税额	22			—	
应纳税额减征额	23				
应纳税额合计	24=19+21-23				

税款计算

（续）

项目		栏次	一般项目		即征即退项目	
			本月数	本年累计	本月数	本年累计
税款缴纳	期初未缴税额（多缴为负数）	25				
	实收出口开具专用缴款书退税额	26			—	—
	本期已缴税额	27=28+29+30+31				
	①分次预缴税额	28		—	—	—
	②出口开具专用缴款书预缴税额	29		—	—	—
	③本期缴纳上期应纳税额	30			—	
	④本期缴纳欠缴税额	31				
	期末未缴税额（多缴为负数）	32=24+25+26-27				
	其中：欠缴税额（≥0）	33=25+26-27		—	—	—
	本期应补（退）税额	34=24-28-29	—	—	—	—
	即征即退实际退税额	35	—		—	
	期初未缴查补税额	36			—	—
	本期入库查补税额	37			—	—
	期末未缴查补税额	38=16+22+36-37		—	—	—

授权声明：如果你已委托代理人申报，请填写下列资料：为代理一切税务事宜，现授权（地址）　　　　　为本纳税人的代理申报人，任何与本申报表有关的往来文件，都可寄予此人。

授权人签字：

申报人声明：本纳税申报表是根据国家税收法律法规及相关规定填报的，我确定它是真实的、可靠的、完整的。

声明人签字：

主管税务机关：　　　　接收人：　　　　接收日期：

表3-12　增值税及附加税费预缴表附列资料（7月）

（附加税费情况表）

税（费）款所属时间：　　年　月　日至　　年　月　日

纳税人名称：（公章）　　　　　　　　　　　　　　　　　　　　　　　　金额单位：元（列至角分）

税（费）种	计税（费）依据	税（费）率（征收率）（%）	本期应纳税（费）额	本期减免税（费）额		增值税小规模纳税人"六税两费"减征政策			本期实际预缴税（费）额
				减免性质代码	减免税（费）额	本期是否适用 □是 □否			
						减征比例（%）	减征额		
	1	2	3=1×2	4	5	6	7=（3-5）×6		8=3-5-7
增值税预缴税额									
城市维护建设税									
教育费附加									
地方教育附加									
合计	—	—				—			

■ **知识链接**

根据税收征管法规定，企业应于每月或者每季度期满后15日内申报缴纳税费。

实训3-21 缴纳税费

8月10日，缴纳上月税费，原始凭证1张（见图3-23）。

中国工商银行   凭证

电子缴税付款凭证

缴税日期： 2021 年 08 月 10 日   凭证字号： 20200010

纳税人全称及纳税人识别号：济南盖特商贸有限公司	91M053790255
付款人全称：济南盖特商贸有限公司	
付款人账号：162010142100040953	征收机关名称： 国家税务总局济南历下区税务局
付款人开户行：中国工商银行济南颖秀路支行	收款国库（银行）名称： 国家税务总局济南历下区税务局
小写（合计）金额：￥29,186.40 元	缴款书交易流水号： 82522351
大写（合计）金额：贰万玖仟壹佰捌拾陆元肆角整	税票号码： 082374628934658445

税（费）种名称	所属日期		实缴金额（单位：元）
增值税	20210701	20210731	￥26,520.00
城建税	20200701	20210731	￥1,856.40
教育费附加	20210701	20210731	￥795.60
个人所得税	20210701	20210731	￥14.40

第 次打印   打印时间： 2021 年 08 月 10 日

客户回单联   验证码： 984597   复核：   记账：

图3-23 电子缴税付款凭证（8月）

实训3-22 交社保、住房公积金

8月10日，交上月社会保险费及住房公积金，原始凭证2张（见图3-24、图3-25）。

社会保险费电子转账凭证

凭证号： 31350076

2021 年 08 月 10 日   凭证提交号： 99152182

申请人	全 称	济南盖特商贸有限公司	收款人	全 称	国家税务总局历下区税务局
	账 号	162010142100040953		账 号	087299120100304037567
	开户银行	中国工商银行济南颖秀路支行		开户银行	中国工商银行济南历下支行
	行 号	086086196325		行 号	303451000013

金 额 人民币（大写）壹万陆仟柒佰玖拾元整

					亿	千	百	十	万	千	百	十	元	角	分
								￥	1	6	7	9	0	0	0

代扣号：

摘要					
养老小计：	11,040.00	单位养老：	7,360.00	个人养老：	3,680.00
失业小计：	460.00	单位失业：	368.00	个人失业：	92.00
医疗小计：	4,600.00	单位医疗：	3,680.00	个人医疗：	920.00
工伤小计：	230.00	单位工伤：	230.00		
生育小计：	460.00	单位生育：	460.00		
合计：	16,790.00	合计：	12,098.00	合计：	4,692.00

收款人开户银行盖章

中国工商银行
济南历下支行
2021.08.10
业务受理专用章

备注

转账时间：

打印次数：

复核：成浩   记账：孙甜甜

第二联 缴费单位记账凭证

图3-24 社会保险费电子转账凭证（8月）

银 行 扣 款 专 用 凭 证

(756) NO.

填发日期: 2021 年 08 月 10 日　　　　　　　第　523　号

单位名称	济南盖特商贸有限公司		账　号	162010142100040953		
代　码	91M053790255		扣款日期	2021年08月10日	交易号	
科目名称	品目名称　所属期	计征金额或数量	征收率或金额	已缴或扣减额		实缴金额
住房公积金	202107	4,600.00				4,600.00
合　计	（大写）　肆仟陆佰元整					¥4,600.00
银行 签章		柜员号		备　注		出票状态

此凭证仅交付款人作为扣款凭证使用，不得收取现金，手工填开和未加盖银行转讫章(或业务印章)无效

图3-25　银行扣款专用凭证（8月）

实训3-23　采购货物

8月16日，购进恒净新风柜机，款未付，原始凭证3张（见图3-26～图3-28）。

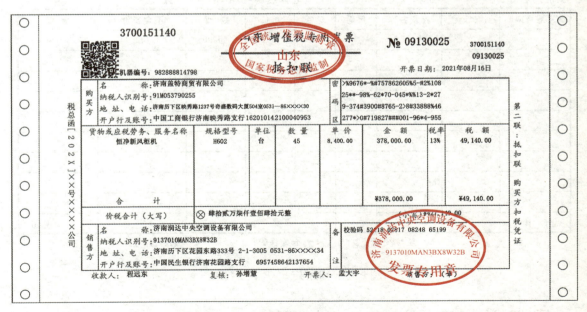

图3-26　增值税专用发票（抵扣联）

图3-27　增值税专用发票（发票联）

采购入库单

入库单号：614455484		入库日期：2021-08-16		入库类型：采购入库			部门：仓库1	
供应商名称：济南润达中央空调设备有限公司				仓库名称：商品库			备注：	

发票号码	编码	存货名称	尺码	颜色	单位	数 量	不含税价	金 额
		恒净新风柜机（H602）			台	45.00	8,400.00	378,000.00
合　计						45.00		378,000.00

记　账：赵源　　　　复核：孙成君　　　　仓库保管：张旭　　　　采购员：

图3-28　采购入库单（8月）

实训3-24　销售商品

8月23日，销售商品，货款未收到，原始凭证2张（见图3-29、图3-30）。

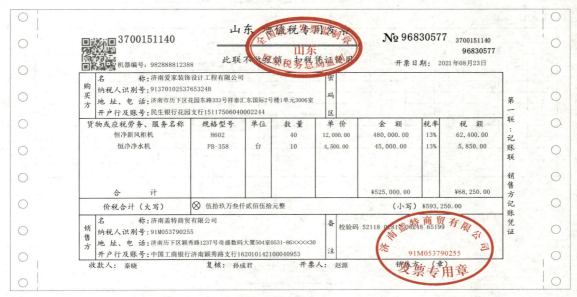

图3-29　增值税专用发票（记账联）

| 出　库　单 | | | | | | | | | No. 06060298 |

购货单位：济南爱家装饰设计工程有限公司　　　2021 年 08 月 23 日

编　号	品　　　名	规　格	单位	数　量	单价	金　　额	备　注
	恒净新风柜机	H602	台	40			
	恒净净水机	PB-356	台	10			
	合			计			

仓库主管：孙成君　　记账：赵源　　保管：　　经手人：张旭　　制单：张旭

图3-30　出库单

实训3-25　报销差旅费

8月28日，报销差旅费，原始凭证4张（见图3-31～图3-34）。

差 旅 费 报 销 单

部门___办公室___   2021 年 08 月 28 日

出差人	汪泓						出差事由		参加会议					

出发			到达			交通工具	交通费		出差补贴		其他费用			附件
月 日	时	地点	月 日	时	地点		单据张数	金额	天数	金额	项目	单据张数	金额	
08 25		济南	08 25		即墨			218.00			住宿费	1	300.00	1
08 26		即墨	08 26		济南			218.00			市内车费			
										邮电费			
										办公用品费			
			现金付讫							不买卧铺补贴			张
										其他	1	¥300.00	
合　计							¥436.00						
报销总额	人民币（大写）柒佰叁拾陆元整					预借金额				补领金额	¥736.00		
										退还金额			

主管 孙成君　　　　　审核 赵源　　　　　出纳 秦晓　　　　　领款人 汪泓

图3-31　差旅费报销单

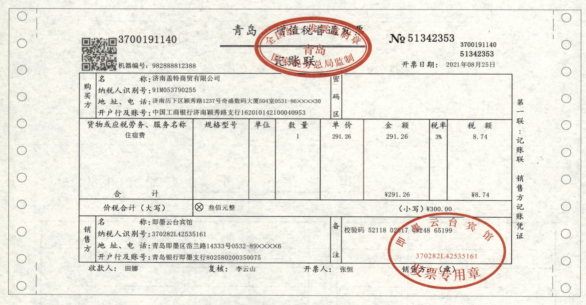

图3-32　增值税普通发票（记账联）

图3-33　火车票（1）

图3-34　火车票（2）

实训3-26 计提本月税费

8月31日，计提本月税费，原始凭证1张（见图3-35）。

税金及附加计算表

年 月 日 单位：元

项目	计提基数			计提比例	计提金额
	增值税	消费税	合计		
城市维护建设税					
教育费附加					
合计					

审核： 制表：

图3-35 税金及附加计算表（8月）

实训3-27 计提本月职工薪酬

8月31日，计提本月工资、社会保险费及住房公积金，原始凭证2张（见图3-36、图3-37）。

工资汇总表

2021 年 08 月 31 日 单位：元

部 门	应付工资	代 扣 款 项				个人所得税	合 计	实发工资
		养老保险（8%）	医疗保险（2%）	失业保险（0.2%）	住房公积金（5%）			
办公室	18,000.00	1,440.00	360.00	36.00	900.00	14.40	2,750.40	15,249.60
财务室	9,500.00	760.00	190.00	19.00	475.00		1,444.00	8,056.00
销售部	14,000.00	1,120.00	280.00	28.00	700.00		2,128.00	11,872.00
仓库	4,500.00	360.00	90.00	9.00	225.00		684.00	3,816.00
		0.00	0.00	0.00	0.00		0.00	0.00
		0.00	0.00	0.00	0.00		0.00	0.00
		0.00	0.00	0.00	0.00		0.00	0.00
		0.00	0.00	0.00	0.00		0.00	0.00
		0.00	0.00	0.00	0.00		0.00	0.00
		0.00	0.00	0.00	0.00		0.00	0.00
合 计	46,000.00	3,680.00	920.00	92.00	2,300.00	14.40	7,006.40	38,993.60

总经理：汪泓 财务主管：孙成君 制表：赵源

图3-36 工资汇总表（8月）

2021年8月社保及公积金汇总表

部门	应付工资	企业社保						个人社保					社保合计	住房公积金		住房公积金合计
		养老保险 16%	医疗保险 8%	失业保险 0.8%	生育保险 1%	工伤保险 0.50%	小计	养老保险 8%	医疗保险 2%	失业保险 0.20%	大病医疗	小计		企业 5%	个人 5%	
办公室	18,000.00	2,880.00	1,440.00	144.00	180.00	90.00	4,734.00	1,440.00	360.00	36.00		1,836.00	6,570.00	900.00	900.00	1,800.00
财务室	9,500.00	1,520.00	760.00	76.00	95.00	47.50	2,498.50	760.00	190.00	19.00		969.00	3,467.50	475.00	475.00	950.00
销售部	14,000.00	2,240.00	1,120.00	112.00	140.00	70.00	3,682.00	1,120.00	280.00	28.00		1,428.00	5,110.00	700.00	700.00	1,400.00
仓库	4,500.00	720.00	360.00	36.00	45.00	22.50	1,183.50	360.00	90.00	9.00		459.00	1,642.50	225.00	225.00	450.00
		0.00	0.00	0.00	0.00	0.00	0.00	0.00	0.00	0.00		0.00	0.00	0.00	0.00	0.00
		0.00	0.00	0.00	0.00	0.00	0.00	0.00	0.00	0.00		0.00	0.00	0.00	0.00	0.00
		0.00	0.00	0.00	0.00	0.00	0.00	0.00	0.00	0.00		0.00	0.00	0.00	0.00	0.00
		0.00	0.00	0.00	0.00	0.00	0.00	0.00	0.00	0.00		0.00	0.00	0.00	0.00	0.00
		0.00	0.00	0.00	0.00	0.00	0.00	0.00	0.00	0.00		0.00	0.00	0.00	0.00	0.00
合计	46,000.00	7,360.00	3,680.00	368.00	460.00	230.00	12,098.00	3,680.00	920.00	92.00		4,692.00	16,790.00	2,300.00	2,300.00	4,600.00

图3-37 社保及公积金汇总表（8月）

实训3-28　计提本月折旧

8月31日，计提本月固定资产折旧，原始凭证1张（见图3-38）。

固定资产折旧明细表

2021　年 08 月 31 日

单位：元

类别	部门	资产名称	原值	使用年限	残值率	净残值	年折旧率	年折旧额	月折旧额
房屋建筑物		办公楼	3,000,000.00	40	5%	150,000.00	2.375%	71,250.00	5,937.50
交通工具		小汽车	270,000.00	15	4%	10,800.00	6.4%	17,280.00	1,440.00
办公设备		电脑	60,000.00	8	2%	1,200.00	12.25%	7,350.00	612.50
合　计	—	—	3,330,000.00	—	—	162,000.00	—	95,880.00	7,990.00

审核：赵源　　　　　　　　　　　　　　　　　　制表：秦晓

图3-38　固定资产折旧明细表（8月）

实训3-29　分摊本月物业费

8月31日，分摊本月物业费，原始凭证1张（见表3-13）。

表3-13　物业费分摊表（8月）

日期：　　　　　　　　　　　　　　　　　　　　　　单位：元

部门	实际发生金额	受益起始月	受益截止月	受益期限（月）	月分摊金额
办公室					
合计					

制表：　　　　　　　　　　　　　　　　　　　　　　审核：

实训3-30　结转销售成本

8月31日，结转本月销售成本，原始凭证1张（见图3-39）。

库存商品 加权平均单价计算表

年　　　月　　　日

单位：元

材料名称	期初结存		本期收入		加权平均单价
	数量	金额	数量	金额	
合　计					

审核：　　　　　　　　　　制单：

图3-39　库存商品加权平均单价计算表（8月）

实训3-31　计算结转增值税

8月31日，计算本月应交增值税，结转未交增值税，原始凭证1张（见图3-40）。

应 交 增 值 税 计 算 表

年　　月　　日　　　　　　　　　　　　　单位：元

项目	进项税额	销项税额	进项税额转出	本月应交增值税额
金额				

审核：　　　　　　　　　　　　　制单：

图3-40　应交增值税计算表（8月）

实训3-32　结转损益

8月31日，结转本月损益。

任务二　结出8月末各账户的余额

实训3-33　结出账户余额

根据各有关账户的月结资料，填写账户余额表（见表3-14、表3-15）。

表3-14　2021年8月末账户余额表

年　　月　　日　　　　　　　　　　　　　单位：元

科目编码	科目名称	期末余额	科目编码	科目名称	期末余额
1001	库存现金		2202	应付账款	
1002	银行存款		2221	应交税费	
112	应收账款		222102	未交增值税	
1123	预付账款		222104	应交所得税	
1405	库存商品		222105	应交个人所得税	
1601	固定资产		222106	应交城市维护建设税	
1602	累计折旧		222107	应交教育费附加	
			4101	实收资本	
			4103	本年利润	
			4104	利润分配	

表3-15　2021年8月末库存商品明细账账户余额表

年　　月　　日　　　　　　　　　　　　　单位：元

编码	名称	数量	单价	期末余额
140501	恒净新风柜机（H602）			
140503	恒净智能家居系统（KC868-D）			
合计		—	—	

任务三　编制8月份财务报表

实训3-34　编制资产负债表

根据8月末各账户的余额编制资产负债表（见表3-16）。

表3-16　8月资产负债表

编制单位：　　　　　　　　　　年　月　日　　　　　　　　　　单位：元

资产	行次	期末余额	年初余额	负债和所有者权益	行次	期末余额	年初余额
流动资产：				流动负债：			
货币资金	1			短期借款	31		
短期投资	2			应付票据	32		
应收票据	3			应付账款	33		
应收账款	4			预收账款	34		
预付账款	5			应付职工薪酬	35		
应收股利	6			应交税费	36		
应收利息	7			应付利息	37		
其他应收款	8			应付利润	38		
存货	9			其他应付款	39		
其中：原材料	10			其他流动负债	40		
在产品	11			流动负债合计	41		
库存商品	12			非流动负债：			
周转材料	13			长期借款	42		
其他流动资产	14			长期应付款	43		
流动资产合计	15			递延收益	44		
非流动资产：				其他非流动负债	45		
长期债券投资	16			非流动负债合计	46		
长期股权投资	17			负债合计	47		
固定资产原价	18						
减：累计折旧	19						
固定资产账面价值	20						
在建工程	21						
工程物资	22						
固定资产清理	23						
生产性生物资产	24			所有者权益（或股东权益）：			
无形资产	25			实收资本（或股本）	48		
开发支出	26			资本公积	49		
长期待摊费用	27			盈余公积	50		
其他非流动资产	28			未分配利润	51		
非流动资产合计	29			所有者权益（或股东权益）合计	52		
资产总计	30			负债和所有者权益（或股东权益）总计	53		

实训3-35 编制利润表

根据8月份各损益类账户的本期发生额编制利润表（见表3-17）。

表3-17 8月利润表

编制单位： 年 月 单位：

项目	行次	本年累计金额	本月金额
一、营业收入	1		
减：营业成本	2		
税金及附加	3		
其中：消费税	4		
城市维护建设税	5		
资源税	6		
土地增值税	7		
城镇土地使用税、房产税、车船税、印花税	8		
教育费附加、矿船资源补偿费、排污费	9		
销售费用	10		
其中：商品维修费	11		
广告费和业务宣传费	12		
管理费用	13		
其中：开办费	14		
业务招待费	15		
研究费用	16		
财务费用	17		
其中：利息费用（收入以"-"号填列）	18		
加：投资收益（损失以"-"号填列）	19		
二、营业利润（亏损以"-"号填列）	20		
加：营业外收入	21		
其中：政府补助	22		
减：营业外支出	23		
其中：坏账损失	24		
无法收回的长期债券投资损失	25		
无法收回的长期股权投资损失	26		
自然灾害等不可抗力因素造成的损失	27		
税收滞纳金	28		
三、利润总额（亏损总额以"-"号填列）	29		
减：所得税费用	30		
四、净利润（净亏损以"-"号填列）	31		

任务四 进行增值税及附加税费的纳税申报

实训3-36 纳税申报

填制增值税及附加税费的纳税申报表（见项目三实训3-38）。

项 目 总 结

1. 知识准备

本项目模拟了济南盖特商贸有限公司8月份发生的经济业务，包括商品的购销、工资及社保的计提与发放、折旧的计提以及差旅费的报销等业务。

2. 项目实训

进一步掌握核心业务财务处理的同时，逐步接触新业务的账务处理，并体会企业连续核算的账务处理流程。

项目三 小企业经济业务综合实训三

核算济南盖特商贸有限公司9月份发生的经济业务

项目描述

本项目要求学习者对这家小型商贸企业9月份发生的经济业务进行账务处理，编制增值税及附加税费的纳税申报表，并计算编制企业所得税的纳税申报表，使学习者能掌握企业完整的账务、税务处理流程。

学习目标

1. 知识目标

1）掌握企业日常经济业务的账务处理。

2）深入理解账务处理流程及会计循环过程。

3）初步掌握增值税及附加税费、企业所得税的计算及纳税申报表的填制。

2. 能力目标

1）正确解读原始凭证，准确编制记账凭证。

2）汇总记账凭证，准确结出各个账户的期末余额。

3）根据各个账户的期末余额，准确编制财务报表。

4）准确填制增值税及附加税费、企业所得税的纳税申报表。

3. 情感目标

培养学生的爱国热情，让爱国主义精神在学生心中牢牢扎根，激励学生热爱自己的专业，砥砺强国之志、实践报国之行。

情智故事

詹天佑为国不计名与利丨发扬爱国主义精神

近代科学先驱、著名工程师詹天佑，在一无资本、二无技术、三无人才的艰难局面下，满怀爱国热情，担起修建京张铁路的重任。他以忘我的吃苦精神，走遍了北京至张家口之间的山山岭岭，只用了500万元，仅花4年时间就修成了外国人计划需资900万元、需时7年才能修完的京张铁路。这是中国人自己设计施工的第一条铁路，极大地鼓舞了全国人民的志气。

前来参观的外国专家面对京张铁路无不震惊和赞叹。当时，美国的一所大学为表彰詹天佑的成就，决定授予他工科博士学位，并邀请他参加仪式。可是，詹天佑因当时正担负着另一条铁路的设计任务，毅然谢绝了邀请。他这种为国家不计名利的精神，赢得了国内外的称赞。

思想感悟 詹天佑为国家不计名利的精神感染着我们，正如《礼记·儒行》

中所说："苟利国家，不求富贵"。2019年4月30日，习近平在纪念五四运动100周年大会上说过，对新时代中国青年来说，热爱祖国是立身之本、成才之基。会计工作与社会主义经济建设紧密联系、息息相关，会计人员要发扬爱国主义精神，自觉维护社会主义市场经济秩序，不提供欺骗市场和投资者的虚假会计信息，始终将国家和人民的利益放在第一位。

项目实训

■ 资料准备

1）自备通用记账凭证20张、记账凭证封皮1张。

2）自备现金日记账1本、银行存款日记账1本、总账1本（注：项目一已备）、数量金额式明细账5页，多栏式明细账5页，金额三栏式明细账20页。

3）资产负债表、利润表各1张。

4）增值税纳税申报表（一般纳税人），城建税、教育费附加、地方教育附加税（费），企业所得税纳税申报表各1张。

■ 实训要求

1）根据8月末的账户余额相应过入9月份相关总账账户及其明细账账户的期初余额。

2）根据给出的原始凭证（见图3-41～图3-58）编制记账凭证。

3）根据审核无误的记账凭证登记总账账户及其明细账账户的本期发生额。

4）结出8月末各相关账户的期末余额。

5）根据8月末各账户的余额编制资产负债表；根据8月份各损益类账户的发生额编制利润表。

6）填制增值税及附加税费、企业所得税纳税申报表。

任务一 根据9月份发生的经济业务编制记账凭证

实训3-37 发放工资

9月5日，发放上月工资，原始凭证2张（见图3-41、图3-42）。

8 月 工 资 结 算 表

2021 年 09 月 05 日   单位：元

部 门	姓 名	基本工资	岗位津贴	奖 金	交通补助	应扣工资		应付工资	代扣款项					合 计	实发工资
						请假扣款	缺勤扣款		养老保险（8%）	医疗保险（2%）	失业保险（0.2%）	住房公积金（5%）	个人所得税		
办公室	汪泓	9,000.00		1,000.00				10,000.00	800.00	200.00	20.00	500.00	14.40	1,534.40	8,465.60
办公室	孙成君	7,500.00		500.00				8,000.00	640.00	160.00	16.00	400.00		1,216.00	6784
财务室	赵晓	4,700.00		300.00				5,000.00	400.00	100.00	10.00	250.00		760.00	4240
财务室	秦晓	4,200.00		300.00				4,500.00	360.00	90.00	9.00	225.00		684.00	3816
销售部	王立山	6,000.00		500.00				6,500.00	520.00	130.00	13.00	325.00		988.00	5512
销售部	杨晓峰	6,700.00		900.00		100.00		7,500.00	600.00	150.00	15.00	375.00		1,140.00	6360
仓库	张旭	4,200.00		300.00				4,500.00	360.00	90.00	9.00	225.00		684.00	3816
									0.00	0.00	0.00	0.00		0.00	0
									0.00	0.00	0.00	0.00		0.00	0
									0.00	0.00	0.00	0.00		0.00	0
									0.00	0.00	0.00	0.00		0.00	0
									0.00	0.00	0.00	0.00		0.00	0
									0.00	0.00	0.00	0.00		0.00	0
合 计		42,300.00		3,800.00		100.00		46,000.00	3,680.00	920.00	92.00	2,300.00	14.40	7,006.40	38,993.60

总经理：汪泓   财务主管：孙成君   审核：孙成君   制表：赵源

图3-41　8月工资结算表

图3-42　转账支票存根

实训3-38　纳税申报

9月8日，填制增值税及附加税费申报表，纳税申报表2张（见表3-18、表3-19）。

根据国家税收法律法规及增值税相关规定制定本表。纳税人不论有无销售额，均应按税务机关核定的纳税期限填写本表，并向当地税务机关申报。

表3-18　**增值税纳税申报表（8月）**

（一般纳税人适用）

税款所属时间：自　年　月　日　至　年　月　日　　　　填表日期：　年　月　日　　　　金额单位：元至角分

纳税人识别号							
纳税人名称	（公章）		所属行业：		注册地址	生产经营地址	
开户银行及账号		登记注册类型					电话号码

	项目	栏次	一般项目		即征即退项目	
			本月数	本年累计	本月数	本年累计
销售额	（一）按适用税率计税销售额	1				
	其中：应税货物销售额	2				
	应税劳务销售额	3				
	纳税检查调整的销售额	4				
	（二）按简易办法计税销售额	5				
	其中：纳税检查调整的销售额	6				
	（三）免、抵、退办法出口销售额	7			—	—
	（四）免税销售额	8			—	—
	其中：免税货物销售额	9			—	—
	免税劳务销售额	10			—	—

（续）

项目		栏次	一般项目		即征即退项目	
			本月数	本年累计	本月数	本年累计
	销项税额	11				
	进项税额	12				
	上期留抵税额	13				—
	进项税额转出	14				
	免、抵、退应退税额	15			—	—
	按适用税率计算的纳税检查应补缴税额	16				—
税款计算	应抵扣税额合计	17=12+13-14-15+16		—		
	实际抵扣税额	18（如17<11，则为17，否则为11）				
	应纳税额	19=11-18				
	期末留抵税额	20=17-18				
	简易计税办法计算的应纳税额	21				
	按简易计税办法计算的纳税检查应补缴税额	22			—	—
	应纳税额减征额	23				
	应纳税额合计	24=19+21-23				

		项目	行次			
税款缴纳		期初未缴税额（多缴为负数）	25			—
		实收出口开具专用缴款书退税额	26		—	—
		本期已缴税额	27=28+29+30+31			
		①分次预缴税额	28	—		—
		②出口开具专用缴款书预缴税额	29	—	—	—
		③本期缴纳上期应纳税额	30			
		④本期缴纳欠缴税额	31	—		—
		期末未缴税额（多缴为负数）	32=24+25+26-27			
		其中：欠缴税额（≥0）	33=25+26-27	—	—	—
		本期应补（退）税额	34=24-28-29	—	—	—
		即征即退实际退税额	35	—	—	
		期初未缴查补税额	36			—
		本期入库查补税额	37		—	—
		期末未缴查补税额	38=16+22+36-37	—	—	

授权声明	如果你已委托代理人申报，请填写下列资料： 为代理一切税务事宜，现授权 （地址）　　　　　　　　为本纳税人的代理申报人，任何与本申报表有关的往来文件，都可寄予此人。 授权人签字：	申报人声明	本纳税申报表是根据国家税收法律法规及相关规定填报的，我确定它是真实的、可靠的、完整的。 声明人签字：

主管税务机关：　　　　　　　接收人：　　　　　　　接收日期：

表3-19　增值税及附加税费预缴表附列资料（8月）

（附加税费情况表）

税（费）款所属时间：　年　月　日至　年　月　日

纳税人名称：（公章）

金额单位：元（列至角分）

税（费）种	计税（费）依据	税（费）率（征收率）（%）	本期应纳税（费）额	本期减免税（费）额		增值税小规模纳税人"六税两费"减征政策			本期实际预缴税（费）额
	增值税预缴税额			减免性质代码	减免税（费）额	本期是否适用 □是 □否		
						减征比例（%）	减征额	
	1	2	3=1×2	4	5	6	7=(3-5)×6	8=3-5-7
城市维护建设税								
教育费附加								
地方教育附加								
合计	—	—		—		—		

实训3-39 缴纳税费

9月10日，缴纳上月税费，原始凭证1张（见图3-43）。

中国工商银行

凭证

电子缴税付款凭证

缴税日期： 2021 年 09 月 10 日　　　　　　　　凭证字号： 20200011

纳税人全称及纳税人识别号：济南盖特商贸有限公司	91M053790255
付款人全称：济南盖特商贸有限公司	

付款人账号：1620 1014 2100 040 953　　　　征收机关名称： 国家税务总局济南历下区税务局

付款人开户行： 中国工商银行济南颖秀路支行　　　收款国库（银行）名称： 国家税务总局济南历下区税务局

小写（合计）金额：￥20,995.80 元　　　　　缴款书交易流水号： 82522351

大写（合计）金额：贰万零玖佰玖拾伍元捌角整　　税票号码： 082374628934658445

税（费）种名称	所属日期		实缴金额（单位：元）
增值税	20210801	20210831	￥19,074.00
城建税	20200801	20210831	￥1,335.18
教育费附加	20210801	20210831	￥572.22
个人所得税	20210801	20210831	￥14.40

第　次打印　　　　　　　　　　　　　　　打印时间： 2021 年 09 月 10 日

客户回单联　　　验证码： 984597　　　复核：　　　　　　记账：

图3-43　电子缴税付款凭证（9月）

实训3-40 交社保、住房公积金

8月10日，交上月社会保险费及住房公积金，原始凭证2张（见图3-44、图3-45）。

社会保险费电子转账凭证

凭证号： 31350077

2021 年 09 月 10 日　　　　　　凭证提交号： 99152183

申请人	全称	济南盖特商贸有限公司	收款人	全称	国家税务总结历下区税务局
	账号	162010142100040953		账号	087299120100304037567
	开户银行	中国工商银行济南颖秀路支行		开户银行	中国工商银行济南历下支行
	行号	086086196325		行号	303451000013

						亿	千	百	十	万	千	百	十	元	角	分
金额人民币（大写）壹万陆仟柒佰玖拾元整									￥	1	6	7	9	0	0	0

摘要	代扣号：				
	养老小计：	11,040.00	单位养老：	7,360.00	个人养老： 3,680.00
	失业小计：	460.00	单位失业：	368.00	个人失业： 92.00
	医疗小计：	4,600.00	单位医疗：	3,680.00	个人医疗： 920.00
	工伤小计：	230.00	单位工伤：	230.00	
	生育小计：	460.00	单位生育：	460.00	
	合计：	16,790.00	合计：	12,098.00	合计： 4,692.00

收款人开户银行盖章

> 中国工商银行
> 济南历下支行
> 2021.09.10
> 业务受理专用章

转账时间：

备注

打印次数：

第二联 缴费单位记账凭证

复核：成浩　　记账：孙甜甜

图3-44　社会保险费电子转账凭证（9月）

银 行 扣 款 专 用 凭 证

（ 832 ） NO.

填发日期： 2021 年 09 月 10 日　　　　　　　第　673　号

单位名称	济南盖特商贸有限公司			账　号	16201014210004095316		
代　码	91M053790255		扣款日期	2021年09月10日		交易号	
科目名称	品目名称	所属期	计征金额或数量	征收率或金额	已缴或减减额		实缴金额
住房公积金		202108	4,600.00				4,600.00
合　计		（大写）肆仟陆佰元整					¥4,600.00
银行 签章		柜员号		备　注		出票状态	

此凭证仅交付款人作为扣款凭证使用，不得收取现金，手工填开和未加盖银行转讫章(或业务印章)无效

图3-45　银行扣款专用凭证（9月）

实训3-41　采购货物

9月13日，开出商业汇票购进恒净新风柜机，原始凭证4张（见图3-46～图3-49）。

图3-46　增值税专用发票（抵扣联）

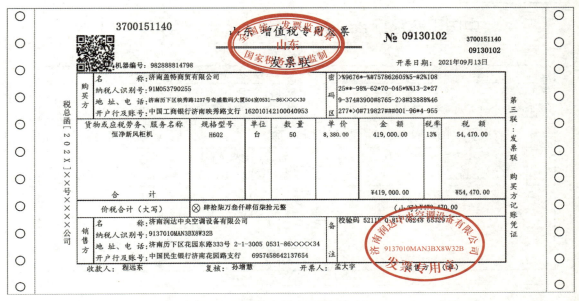

图3-47 增值税专用发票（发票联）

采购入库单

入库单号： 614455485 **入库日期：** 2021-09-13 **入库类型：** 采购入库 **部 门：** 仓库1

供应商名称： 济南润达中央空调设备有限公司 **仓库名称：** 商品库 **备 注：**

发票号码	编 码	存货名称	尺码	颜色	单位	数 量	不含税价	金 额
		恒净新风柜机（H602）			台	50.00	8,380.00	419,000.00
合 计						50.00		419,000.00

记 账： 赵源 **复 核：** 孙成君 **仓库保管：** 张旭 **采购员：** 汪泓

图3-48 采购入库单（9月）

中国工商银行 商业承兑汇票 (存　根) 3　10200060 75472733

出票日期（大写）			贰零贰壹 年 零玖 月 壹拾叁 日															

付款人 全称 济南盖特商贸有限公司　收款人 全称 济南润达中央空调设备有限公司
账号 162010142100040953　账号 695764586
开户银行 中国工商银行济南颖秀路支行　开户银行 中国民生银行济南花园路支行

出票金额 人民币（大写）肆拾柒万叁仟肆佰柒拾元整　亿千百十万千百十元角分 ￥4 7 3 4 7 0 0 0

汇票到期日（大写）贰零贰壹年壹拾贰月壹拾叁日　付款人开户行 行号 086086196325
交易合同号码 23374839　地址 济南历下区颖秀路1237号奇盛数码大厦504室

备注

此联出票人存查

图3-49　中国工商银行商业承兑汇票（1）

实训3-42　销售商品

9月25日，销售商品，收到商业汇票一张，原始凭证2张（见图3-50、图3-51）。

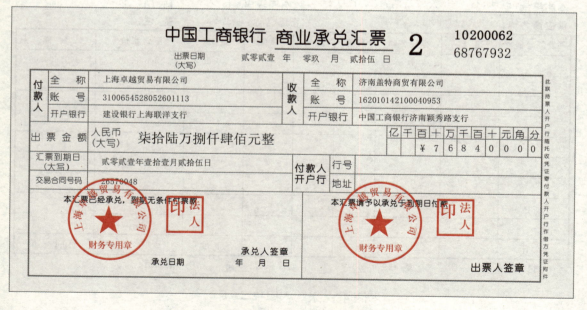

图3-50　中国工商银行商业承兑汇票（2）

图3-51 增值税专用发票（记账联）

实训3-43 收回货款

9月25日，收回前欠货款，原始凭证1张（见图3-52）。

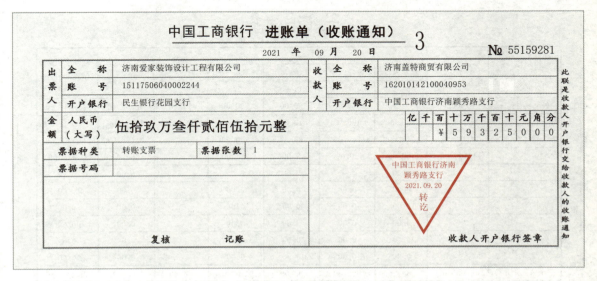

图3-52 中国工商银行进账单（9月）

实训3-44 计提税费

9月25日，计提本月税费，原始凭证1张（见图3-53）。

税金及附加计算表

年　　　月　　　日　　　　　　　　单位：元

项目	计提基数			计提比例	计提金额
	增值税	消费税	合计		
城市维护建设税					
教育费附加					
合计					

审核：　　　　　　　　　　　　　　　　制表：

图3-53　税金及附加计算表（9月）

实训3-45 计提职工薪酬

9月30日，计提本月工资、社会保险费及住房公积金，原始凭证2张（见图3-54、图3-55）。

工资汇总表

2021　年　09　月　30　日　　　　　　　单位：元

部　门	应付工资	代 扣 款 项					合　计	实发工资
		养老保险（8%）	医疗保险（2%）	失业保险（0.2%）	住房公积金（5%）	个人所得税		
办公室	18,000.00	1,440.00	360.00	36.00	900.00	14.40	2,750.40	15,249.60
财务室	9,500.00	760.00	190.00	19.00	475.00		1,444.00	8,056.00
销售部	14,000.00	1,120.00	280.00	28.00	700.00		2,128.00	11,872.00
仓库	4,500.00	360.00	90.00	9.00	225.00		684.00	3,816.00
		0.00	0.00	0.00	0.00		0.00	0.00
		0.00	0.00	0.00	0.00		0.00	0.00
		0.00	0.00	0.00	0.00		0.00	0.00
		0.00	0.00	0.00	0.00		0.00	0.00
		0.00	0.00	0.00	0.00		0.00	0.00
		0.00	0.00	0.00	0.00		0.00	0.00
合　计	46,000.00	3,680.00	920.00	92.00	2,300.00	14.40	7,006.40	38,993.60

总经理：汪泓　　　　财务主管：孙成君　　　　制表：赵源

图3-54　工资汇总表（9月）

2021年9月社保及公积金汇总表

部门	应付工资	企业社保						个人社保					社保合计	住房公积金		住房公积金合计
		养老保险 16%	医疗保险 8%	失业保险 0.8%	生育保险 1%	工伤保险 0.50%	小计	养老保险 8%	医疗保险 2%	失业保险 0.20%	大病医疗	小计		企业 5%	个人 5%	
办公室	18,000.00	2,880.00	1,440.00	144.00	180.00	90.00	4,734.00	1,440.00	360.00	36.00		1,836.00	6,570.00	900.00	900.00	1,800.00
财务室	9,500.00	1,520.00	760.00	76.00	95.00	47.50	2,498.50	760.00	190.00	19.00		969.00	3,467.50	475.00	475.00	950.00
销售部	14,000.00	2,240.00	1,120.00	112.00	140.00	70.00	3,682.00	1,120.00	280.00	28.00		1,428.00	5,110.00	700.00	700.00	1,400.00
仓库	4,500.00	720.00	360.00	36.00	45.00	22.50	1,183.50	360.00	90.00	9.00		459.00	1,642.50	225.00	225.00	450.00
		0.00	0.00	0.00	0.00	0.00	0.00	0.00	0.00	0.00		0.00	0.00	0.00	0.00	0.00
		0.00	0.00	0.00	0.00	0.00	0.00	0.00	0.00	0.00		0.00	0.00	0.00	0.00	0.00
		0.00	0.00	0.00	0.00	0.00	0.00	0.00	0.00	0.00		0.00	0.00	0.00	0.00	0.00
		0.00	0.00	0.00	0.00	0.00	0.00	0.00	0.00	0.00		0.00	0.00	0.00	0.00	0.00
合计	46,000.00	7,360.00	3,680.00	368.00	460.00	230.00	12,098.00	3,680.00	920.00	92.00		4,692.00	16,790.00	2,300.00	2,300.00	4,600.00

图3-55　社保及公积金汇总表（9月）

实训3-46　计提折旧

9月30日，计提本月固定资产折旧，原始凭证1张（见图3-56）。

固定资产折旧明细表

2021　年 09 月 30 日

单位：元

类别	部门	资产名称	原值	使用年限	残值率	净残值	年折旧率	年折旧额	月折旧额
房屋建筑物		办公楼	3,000,000.00	40	5%	150,000.00	2.375%	71,250.00	5,937.50
交通工具		小汽车	270,000.00	15	4%	10,800.00	6.4%	17,280.00	1,440.00
办公设备		电脑	60,000.00	8	2%	1,200.00	12.25%	7,350.00	612.50
合　计	—		3,330,000.00			162,000.00	—	95,880.00	7,990.00

审核：赵源　　　　　　　　　　　　　　　　　　　制表：秦晓

图3-56　固定资产折旧明细表（9月）

实训3-47　分摊物业费

9月30日，分摊本月物业费，原始凭证1张（见表3-20）。

表3-20　物业费分摊表（9月）

日期：　　　　　　　　　　　　　　　　　　　　　　　　　单位：元

部门	实际发生金额	受益起始月	受益截止月	受益期限（月）	月分摊金额
办公室					
合计					

制表：　　　　　　　　　　　　　　　　　　　　　　　　审核：

实训3-48　结转销售成本

9月30日，结转本月销售成本，原始凭证1张（见图3-57）。

库存商品 加权平均单价计算表

年　　月　　日

单位：元

材料名称	期初结存		本期收入		加权平均单价
	数量	金额	数量	金额	
合　计					

审核：　　　　　　　　　　　　　　制单：

图3-57　库存商品加权平均单价计算表（9月）

实训3-49　计算结转增值税

9月30日，结转本月未交增值税，原始凭证1张（见图3-58）。

应交增值税计算表

年　　月　　日　　　　　　　　　　　　　单位：元

项目	进项税额	销项税额	进项税额转出	本月应交增值税额
金额				

审核：　　　　　　　　　　　制单：

图3-58　应交增值税计算表（9月）

实训3-50　计算所得税

30日，计算本季度所得税，原始凭证1张（见表3-21）。

表3-21　应交所得税计算表

年　月　日　　　　　　　　　　　　　单位：元

税前会计利润	纳税调整增加额	纳税调整减少额	应纳税所得额	税率	税收优惠	应纳所得税额

审核：　　　　　　　　　　　制单：

实训3-51　损益结转

9月30日，结转本月损益。

任务二　结出9月末各账户的余额

实训3-52　结出账户余额

根据各有关账户的月结资料，填写账户余额表（见表3-22、表3-23）。

表3-22　2021年9月末账户余额表

年　月　日　　　　　　　　　　　　　　　　　　　单位：元

科目编码	科目名称	期末余额	科目编码	科目名称	期末余额
1001	库存现金		2221	应交税费	
1002	银行存款		222102	未交增值税	
1405	库存商品		222104	应交所得税	
1601	固定资产		222105	应交个人所得税	
1602	累计折旧		222106	应交城市维护建设税	
			222107	应交教育费附加	
			4101	实收资本	
			4103	本年利润	
			4104	利润分配	

表3-23　2021年9月末库存商品明细账账户余额表

年　月　日　　　　　　　　　　　　　　　　　　　单位：元

编码	名称	数量	单价	期末余额
140501	恒净新风柜机（H602）			
140503	恒净智能家居系统（KC868-D）			
合计		—	—	

任务三　编制9月份财务报表

实训3-53　编制资产负债表

根据9月末各账户的余额编制资产负债表（见表3-24）。

表3-24 9月资产负债表

编制单位： 年 月 日 单位：元

资产	行次	期末余额	年初余额	负债和所有者权益	行次	期末余额	年初余额
流动资产：				流动负债：			
货币资金	1			短期借款	31		
短期投资	2			应付票据	32		
应收票据	3			应付账款	33		
应收账款	4			预收账款	34		
预付账款	5			应付职工薪酬	35		
应收股利	6			应交税费	36		
应收利息	7			应付利息	37		
其他应收款	8			应付利润	38		
存货	9			其他应付款	39		
其中：原材料	10			其他流动负债	40		
在产品	11			流动负债合计	41		
库存商品	12			非流动负债：			
周转材料	13			长期借款	42		
其他流动资产	14			长期应付款	43		
流动资产合计	15			递延收益	44		
非流动资产：				其他非流动负债	45		
长期债券投资	16			非流动负债合计	46		
长期股权投资	17			负债合计	47		
固定资产原价	18						
减：累计折旧	19						
固定资产账面价值	20						
在建工程	21						
工程物资	22						
固定资产清理	23						
生产性生物资产	24			所有者权益（或股东权益）：			
无形资产	25			实收资本（或股本）	48		
开发支出	26			资本公积	49		
长期待摊费用	27			盈余公积	50		
其他非流动资产	28			未分配利润	51		
非流动资产合计	29			所有者权益（或股东权益）合计	52		
资产总计	30			负债和所有者权益（或股东权益）总计	53		

实训3-54 编制利润表

根据9月份各损益类账户的发生额编制利润表（见表3-25）。

表3-25　9月利润表

编制单位：　　　　　　　　　　　　年　月　　　　　　　　　　　　　单位：

项目	行次	本年累计金额	本月金额
一、营业收入	1		
减：营业成本	2		
税金及附加	3		
其中：消费税	4		
城市维护建设税	5		
资源税	6		
土地增值税	7		
城镇土地使用税、房产税、车船税、印花税	8		
教育费附加、矿船资源补偿费、排污费	9		
销售费用	10		
其中：商品维修费	11		
广告费和业务宣传费	12		
管理费用	13		
其中：开办费	14		
业务招待费	15		
研究费用	16		
财务费用	17		
其中：利息费用（收入以"－"号填列）	18		
加：投资收益（损失以"－"号填列）	19		
二、营业利润（亏损以"－"号填列）	20		
加：营业外收入	21		
其中：政府补助	22		
减：营业外支出	23		
其中：坏账损失	24		
无法收回的长期债券投资损失	25		
无法收回的长期股权投资损失	26		
自然灾害等不可抗力因素造成的损失	27		
税收滞纳金	28		
三、利润总额（亏损总额以"－"号填列）	29		
减：所得税费用	30		
四、净利润（净亏损以"－"号填列）	31		

任务四　进行增值税、附加税费及企业所得税的纳税申报

实训3-55　纳税申报

10月8日，填制增值税及附加税费的纳税申报表（见表3-26、表3-27）。

表3-26　增值税纳税申报表（9月）

（一般纳税人适用）

根据国家税收法律法规及增值税相关规定制定本表。纳税人不论有无销售额，均应按税务机关核定的纳税期限填写本表，并向当地税务机关申报。

税款所属时间：自　年　月　日至　年　月　日　　填表日期：　年　月　日　　金额单位：元至角分

纳税人识别号								
纳税人名称	（公章）		法定代表人姓名		注册地址		生产经营地址	
开户银行及账号			登记注册类型		所属行业		电话号码	
	项目	栏次	一般项目		即征即退项目	
			本月数	本年累计	本月数	本年累计
销售额	（一）按适用税率计税销售额	1				
	其中：应税货物销售额	2				
	应税劳务销售额	3				
	纳税检查调整的销售额	4				
	（二）按简易办法计税销售额	5				
	其中：纳税检查调整的销售额	6				
	（三）免、抵、退办法出口销售额	7			—	—
	（四）免税销售额	8			—	—
	其中：免税货物销售额	9			—	—
	免税劳务销售额	10			—	—

（续）

项目		栏次	一般项目 本月数	一般项目 本年累计	即征即退项目 本月数	即征即退项目 本年累计
税款计算	销项税额	11				
	进项税额	12				
	上期留抵税额	13				一
	进项税额转出	14				
	免、抵、退应退税额	15			一	一
	按适用税率计算的纳税检查应补缴税额	16			一	一
	应抵扣税额合计	17=12+13-14-15+16		一		一
	实际抵扣税额	18（如17<11，则为17，否则为11）				
	应纳税额	19=11-18				
	期末留抵税额	20=17-18				
	简易计税办法计算的应纳税额	21				
	按简易计税办法计算的纳税检查应补缴税额	22				一
	应纳税额减征额	23				
	应纳税额合计	24=19+21-23				

	税款缴纳		
期初未缴税额（多缴为负数）	25		
实收出口开具专用缴款书退税额	26	—	—
本期已缴税额	27=28+29+30+31		—
①分次预缴税额	28	—	—
②出口开具专用缴款书预缴税额	29	—	—
③本期缴纳上期应纳税额	30		
④本期缴纳欠缴税额	31		—
期末未缴税额（多缴为负数）	32=24+25+26-27	—	—
其中：欠缴税额（≥0）	33=25+26-27	—	—
本期应补（退）税额	34=24-28-29	—	—
即征即退实际退税额	35		—
期初未缴查补税额	36	—	—
本期入库查补税额	37	—	—
期末未缴查补税额	38=16+22+36-37		

授权声明	如果你已委托代理人申报，请填写下列资料： 为代理一切税务事宜，现授权 （地址） 申报表有关的往来文件，都可寄予此人。	为本纳税人的代理申报人，任何与本 授权人签字：
申报人声明	本纳税申报表是根据国家税收法律法规及相关规定填报的，我确定它是真实的、可靠的、完整的。	声明人签字：

主管税务机关：

接收人：　　　　　　接收日期：

表3-27 增值税及附加税费预缴表附列资料（9月）

（附加税费情况表）

税（费）款所属时间： 年 月 日至 年 月 日

纳税人名称：（公章）　　　　　　　　　　　　　　　　　　　　　　　　　　金额单位：元（列至角分）

税（费）种	计税（费）依据		税（费）率（征收率）（%）	本期应纳税（费）额	本期减免税（费）额			增值税小规模纳税人"六税两费"减征政策			本期实际预缴税（费）额
	增值税预缴税额				减免性质代码	减免税（费）额	本期是否适用 □是 □否	减征比例（%）	减征额	
	1		2	3=1×2	4	5		6	7=（3-5）×6	8=3-5-7
城市维护建设税										
教育费附加										
地方教育附加										
合计			—		—			—		

实训3-56 申报企业所得税

10月8日，填制企业所得税月（季）度预缴纳税申报表（见表3-28）。

表3-28　A200000中华人民共和国企业所得税月（季）度预缴纳税申报表（A类）

税款所属期间：　　年　月　日至　年　月　日

纳税人识别号（统一社会信用代码）：□□□□□□□□□□□□□□□□□□

纳税人名称：　　　　　　　　　　　　　金额单位：人民币元（列至角分）

优惠及附报事项有关信息									
项　目	一季度		二季度		三季度		四季度		季度平均值
	季初	季末	季初	季末	季初	季末	季初	季末	
从业人数									
资产总额（万元）									
国家限制或禁止行业	□ 是　□ 否				小型微利企业				□ 是　□ 否
附报事项名称									金额或选项
事项1	（填写特定事项名称）								
事项2	（填写特定事项名称）								
预缴税款计算									本年累计
1	营业收入								
2	营业成本								
3	利润总额								
4	加：特定业务计算的应纳税所得额								
5	减：不征税收入								
6	减：资产加速折旧、摊销（扣除）调减额（填写A201020）								
7	减：免税收入、减计收入、加计扣除（7.1+7.2+…）								
7.1	（填写优惠事项名称）								
7.2	（填写优惠事项名称）								
8	减：所得减免（8.1+8.2+…）								
8.1	（填写优惠事项名称）								
8.2	（填写优惠事项名称）								
9	减：弥补以前年度亏损								
10	实际利润额（3+4-5-6-7-8-9）或按照上一纳税年度应纳税所得额平均额确定的应纳税所得额								
11	税率（25%）								
12	应纳所得税额（10×11）								
13	减：减免所得税额（13.1+13.2+…）								
13.1	（填写优惠事项名称）								
13.2	（填写优惠事项名称）								
14	减：本年实际已缴纳所得税额								
15	减：特定业务预缴（征）所得税额								
16	本期应补（退）所得税额（12-13-14-15）或税务机关确定的本期应纳所得税额								
汇总纳税企业总分机构税款计算									
17	总机构	总机构本期分摊应补（退）所得税额（18+19+20）							
18		其中：总机构分摊应补（退）所得税额（16×总机构分摊比例__%）							
19		财政集中分配应补（退）所得税额（16×财政集中分配比例__%）							
20		总机构具有主体生产经营职能的部门分摊所得税额（16×全部分支机构分摊比例__%×总机构具有主体生产经营职能部门分摊比例__%）							
21	分支机构	分支机构本期分摊比例							
22		分支机构本期分摊应补（退）所得税额							
实际缴纳企业所得税计算									
23	减：民族自治地区企业所得税地方分享部分：□ 免征　□ 减征（减征幅度____%）				本年累计应减免金额[（12-13-15）×40%×减征幅度]				
24	实际应补（退）所得税额								

谨声明：本纳税申报表是根据国家税收法律法规及相关规定填报的，是真实的、可靠的、完整的。

纳税人（签章）：　　　年　月　日

经办人： 经办人身份证号： 代理机构签章： 代理机构统一社会信用代码：	受理人： 受理税务机关（章）： 受理日期：　年　月　日

国家税务总局监制

项 目 总 结

1. 知识准备

本项目模拟了济南盖特商贸有限公司9月份发生的经济业务。

2. 项目实训

让学习者反复练习了小企业基本经济业务的账务处理，以具备日常经济业务的账务处理能力；并通过增值税及其附加税费纳税申报表、企业所得税纳税申报表的填制，使学习者初步具备税务处理能力。

参 考 文 献

[1] 张玉森，陈伟清. 基础会计[M]. 4版. 北京：高等教育出版社，2011.

[2] 财政部会计资格评价中心. 初级会计实务[M]. 北京：经济科学出版社，2019.

[3] 财政部会计资格评价中心. 经济法基础[M]. 北京：经济科学出版社，2019.

[4] 葛家澍，耿金岭. 企业财务会计[M]. 4版. 北京：高等教育出版社，2010.

[5] 许长华，陈红文. 会计综合模拟实习[M]. 3版. 北京：高等教育出版社，2019.

[6] 陈强，戴薇，李莉. 财务会计实务[M]. 3版. 北京：清华大学出版社，2017.